INTRODUCING POLITICAL PHILOSOPHY
by DAVE ROBINSON AND JUDY GROVES
Text copyright ©2012 Icon Books Ltd., Illustrations copyright
© 2012 Icon Books Ltd

This edition arranged with Icon Books c/o The Marsh Agency Ltd
through BIG APPLE AGENCY. INC., LABUAN, MALAYSIA.
Simplified Chinese edition copyright:
2024 SDX JOINT PUBLISHING CO.LTD.
All rights reserved.

图画通识丛书
A Graphic Guide

政治哲学

Political Philosophy

[英] 戴夫·罗宾逊（Dave Robinson）/ 文
[英] 朱迪·格罗夫斯（Judy Groves）/ 图
徐韬 / 译

Simplified Chinese Copyright © 2024 by SDX Joint Publishing Company.
All Rights Reserved.
本作品简体中文版权由生活·读书·新知三联书店所有。
未经许可，不得翻印。

图书在版编目（CIP）数据

政治哲学 /（英）戴夫·罗宾逊,（英）朱迪·格罗夫斯著；徐韬译. —北京：生活·读书·新知三联书店，2024.6
ISBN 978-7-108-07826-1

Ⅰ.①政… Ⅱ.①戴… ②朱… ③徐… Ⅲ.①政治哲学 Ⅳ.① D0-02

中国国家版本馆 CIP 数据核字 (2024) 第 060123 号

责任编辑	黄新萍
装帧设计	张　红　康　健
责任校对	陈　明
责任印制	李思佳
出版发行	生活·讀書·新知 三联书店
	（北京市东城区美术馆东街 22 号 100010）
网　　址	www.sdxjpc.com
图　　字	01-2022-3663
经　　销	新华书店
印　　刷	北京隆昌伟业印刷有限公司
版　　次	2024 年 6 月北京第 1 版
	2024 年 6 月北京第 1 次印刷
开　　本	787 毫米 × 1092 毫米　1/16　印张 5.75
字　　数	50 千字　图 175 幅
印　　数	0,001－5,000 册
定　　价	39.00 元

（印装查询：01064002715；邮购查询：01084010542）

目 录

001 问题
002 回到原点
003 自然共同体
004 社会与国家
005 何为政治哲学？
006 古希腊的起源
007 雅典城邦
008 公民的职责
009 直接民主制
010 提出问题
011 智术师
012 格劳孔的社会观
013 蜂巢与工蜂
014 国家的纯粹形式
015 专家治国
016 相对的知识
017 愚人之船
018 民主仍是最好的吗？
019 亚里士多德与目的论
020 好人与公民
021 实践理性
022 亚里士多德的《政治学》
023 经济平等
024 人性与信念
025 什么是意识形态？
026 本质主义的意识形态
027 我们有多自由？
028 演化的影响
029 演化证明了什么？
030 人类之为自私的合作者
031 博弈论
032 合作者还是竞争者？
033 关于人性，谁是对的？
034 没有政府的生活？

- 035 亚里士多德之后的政治学
- 036 古代的无政府主义者
- 037 罗马的斯多葛派与早期基督徒
- 038 基督教的二元论
- 039 圣奥古斯丁的《上帝之城》
- 040 圣阿奎那的神学
- 041 "自然"法
- 042 文艺复兴
- 043 马基雅维利的《君主论》
- 044 国家道德
- 045 嘲世者还是现实主义者?
- 046 霍布斯与克伦威尔
- 047 人的科学
- 048 心理自我中心者
- 049 自然状态
- 050 囚徒困境
- 051 出路
- 052 可执行的强制力
- 053 至高统治权力
- 054 绝对君主
- 055 霍布斯的观点存在的问题
- 056 天生自私
- 057 约翰·洛克
- 058 另一种自然状态
- 059 洛克的自然法
- 060 财产的定义
- 061 不平等的权利
- 062 仇杀问题
- 063 社会的优势
- 064 神圣权利
- 065 政府与公民
- 066 最低限度的政府
- 067 改换政府
- 068 反逆者与政体
- 069 诸权分立
- 070 谁可以投票?
- 071 同意抑或盲从
- 072 休谟的批评
- 073 卢梭的政治哲学
- 074 文明与人性
- 075 前社会的自然状态
- 076 财产与法律
- 077 自然教育
- 078 自由与社会
- 079 立法会议
- 080 全体意愿
- 081 完美公民与退步者
- 082 契约与立法者

- 083 政治之为伦理
- 084 科西嘉和波兰
- 085 国家道德
- 086 法国大革命
- 088 法国社会主义的诞生
- 089 什么是社会主义?
- 090 夏尔·傅立叶的世界和谐论
- 091 欧文的乌托邦社会主义
- 092 小规模民主
- 093 无政府主义
- 094 没有财产的自由?
- 095 无政府主义的社会道德
- 096 黑格尔的政治哲学
- 097 权利哲学
- 099 公民与有机国家
- 100 宪治
- 101 全能国家
- 102 黑格尔的形而上学
- 103 辩证法
- 104 理性自由与进步
- 106 对黑格尔国家观的批评
- 108 埃德蒙·伯克的保守主义
- 110 潘恩的《人的权利》
- 111 人权问题
- 112 黑格尔右派与黑格尔左派
- 113 经济决定论
- 114 资本主义的不可避免性
- 115 邪恶的资本家
- 116 凝固的劳动
- 117 意识形态的功能
- 118 共产主义的"幽灵"
- 119 光辉四射的未来
- 120 事实还是预言?
- 121 阶级与国家
- 122 无国家社会
- 123 被推迟的革命
- 124 马克思主义的发展
- 126 葛兰西的霸权理论
- 127 我们的政治意识形态
- 128 自由主义的起源
- 129 市场
- 130 自由企业与平等
- 131 契约、宪治与宽容
- 132 投票有什么用?
- 133 分配问题
- 134 边沁的功效主义
- 136 一种道德的科学
- 137 自由企业市场

- 138 计算后果
- 139 对政府的政策有用
- 140 功效主义的盲点
- 141 密尔的功效主义答辩
- 142 限定多数人
- 143 受过教育的代表
- 144 捍卫民主
- 145 现代功效主义
- 146 权利与少数群体的利益
- 147 分配与平等
- 148 诺齐克的政治哲学
- 149 机会平等
- 150 最低限国家
- 152 罗尔斯的思想实验
- 154 罗尔斯社会
- 156 极权主义国家
- 157 要怪哲学家吗?
- 158 多元主义社会是最好的吗?
- 159 自由的限度
- 161 我们为什么要服从?
- 162 共同体至上的亚里士多德主义者
- 163 后现代主义政治
- 164 知识与权力
- 165 环境政治
- 167 女性主义政治
- 169 消费者与公民
- 170 选择民主
- 171 延伸阅读
- 174 致谢
- 175 索引

问题

政治哲学家提出了关于个体、共同体、社会、法律、政治权力、国家以及它们之间关系的问题。

» 说出人类的"真实面目"是否可能或可取?
» 社会是什么?它是否大于生活在其中的人?还是英国首相撒切尔夫人所谓"没有社会这回事"是对的?
» 国家是什么?它是一种人为的建构还是一种自然演化出来的东西?
» 国家允许个体公民有多大的自由?说公民有义务遵守法律是否有充足的道德理由?国家在多大程度上有权惩罚不服从其命令的人?
» 民主政体是最好的政府形式吗?
» 国家是否应该关注促进经济平等?如果是的话,是否应允许国家干涉他人的私有财产?

回到原点

许多政治哲学家一开始就把注意力集中在个体身上。毕竟,社会和国家首先由个体组成,政府肯定是随后才出现的。难道政治机制只是试图满足个体基本需要和普遍需要的最终结果吗?但若我们对人类的需要和目的没有任何真知呢?此外,我们并不是带着使我们成为人类的所有现成能力跌入社会的。

自然共同体

"共同体"一词意味着某种直属的、地方性的和值得称赞的东西。政治哲学家认为,共同体是指共享价值观的小规模人群,他们悦享团结,几乎不需要法律或等级森严的指挥系统。

共同体的存在表明,人类可以是社会性的,不一定是"在政治上被管治的"。

那"社会"又是什么呢?

社会比共同体更大,由复杂的规则、习俗和建制维系在一起。

17世纪的政治哲学家对个体的自由联合和**国家**做了区分,前者可以是通过个体之间某种形式的"契约"达成一致的**社会**,而后者则由特定的等级权力结构和强制威胁构成。

社会与国家

我们是否有可能都是"社会动物",但不一定是政治动物?非政治社会的证据在哪里?抑或这只是一种理想主义的幻想?一些哲学家相信,区分社会和国家只会导致混乱。唯当社会具有政治性,它才能存在。权力——以及**谁拥有**权力——是人类生活的特征,永远不会消失。

何为政治哲学?

大多数现代哲学家认为,道德和政治命题不具有事实或逻辑地位。因此,不可能规定国家应该是什么样的,也不可能界定我们与其关系应当如何。我们必须排除为政治问题提供明确答案的可能性。

但政治哲学与其他任何一种话语一样,都是意识形态的。我们从中接受与我们平常的核心信念和价值观一致的东西。因此,所有政治概念"本质上是相对的"。

古希腊的起源

最早有政治哲学方面文字记录的是古希腊人。他们起先是"没有国家"的半游牧部落,后来才定居在爱琴海和地中海沿岸地区。

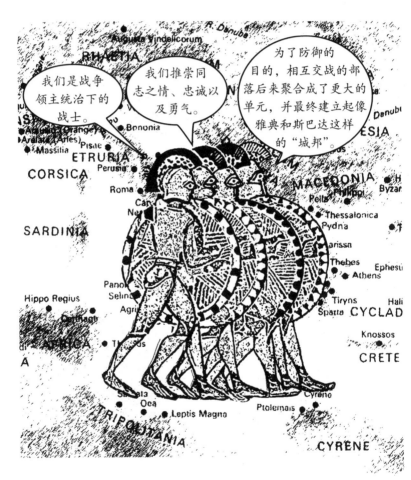

"城邦"(Polis)或曰城市国家通常是独立的小国,每个城邦都由自己独一无二的政府施行统治。

雅典城邦

最值得关注也是最具影响力的"城邦"是雅典,它经历了各式各样的政府。政治权力最初掌握在一种类似部落会议的贵族制手中,但公民团体逐渐获得越来越多的权力,并最终在公元前461年至公元前322年间统治了雅典。

公民的职责

身为雅典"公民"是一件严肃的事情,既涉及职责,也涉及权利。

雅典人口稀少,这种"纯粹的"民主制度足以发挥作用,而且大多数雅典人似乎都为自己的国家感到无比自豪。他们完全认同这个国家,以至于几乎不可想象没有城邦的生活。

直接民主制

雅典人在战场上并肩作战,比我们现在更加"部落化"。他们的社会和政治世界与我们的截然不同。他们几乎没有把"个体"与"公民"区分开来的认识,对私人权利也只有模模糊糊的概念。社会和国家无法区分。

一些人,如卢梭、黑格尔和其他现代"共同体至上主义者",认为它的许多价值观和信念堪称典范,而另有一些"自由主义者"则对其绝对公民权的概念深表怀疑。

提出问题

雅典的哲人们善于论证。他们着迷于辩论和思想，并发明了我们现在称为"哲学"的学科。这意味着他们是"现代"的，因为他们具有批判精神。他们拒绝接受宗教或传统对任何事物的解释，并提出了以前从未有人想过的新问题，尤其是关于"社会""道德"和"政治"（源自希腊语 polis）的问题。

智术师

柏拉图（约前428—前347）记录了许多关于政治的理论讨论，他是第一位这样做的哲人。在《理想国》中，柏拉图的良师益友苏格拉底与他的智术师朋友们就"正义"的真正本质展开了讨论。（"正义"这个"植根于古希腊文化"的词的意思类似于"做你应该做的事"）。智术师是四处游走的激进思想家，他们向富裕家庭提供家教服务，专门教授修辞学。

柏拉图　　　　　　　　苏格拉底　　　　　　　特拉叙马库斯

格劳孔的社会观

另一位智术师**格劳孔**认为,社会之所以存在,只是因为人的行为总是要受法律约束。

大多数智术师坚称,道德、社会、国家和政府始终是人类的人为创造物——在它们那里根本不存在任何"自然的"或"有机的"东西。

蜂巢与工蜂

柏拉图拒斥这种意在颠覆的怀疑论。社会和国家都是自然的、不可避免的和良性的。他的喉舌苏格拉底很少进行真正的辩论,而是不断地抨击两个观点:统治是一项**技能**,以及所有人都有特定的、被规定好的**自然功能**。

> 有些人就是天生的统治者,我们其他人必须做顺从于他们的工蜂。

伯里克利

柏拉图是一位共同体至上主义者,他理想中的社会就像一个和谐的蜂巢,每个人都知晓自己在其中所扮演的角色,这便是"正义"或"做你应该做的事"的真谛之所在。

国家的纯粹形式

柏拉图出身贵族,所以他理想中的那个由天生的统治者和顺从的工蜂组成的等级社会并不那么令人惊讶。但他对这种井然有序的蜂巢的倡导所依据的不仅仅是简单的阶级忠诚。柏拉图深深地折服于毕达哥拉斯的数学观。数是"纯粹的"——不受世俗的污染,独立于人类的欲望,永恒、不朽而且永远真实。无论人类是否存在,2+2 永远等于 4。

专家治国

柏拉图的"纯粹形式"的观念论形而上学是一系列语言混乱的结果。它意味着"国家"必须有一种完美的"形式"。他的《理想国》在很大程度上关注的是对被称作"护卫者"的国家统治者的教育,而所谓"护卫者"是指一个由政治专家组成的精英团体,他们对由不同金属品级组成的"完美国家"了如指掌。

这个律纪严明的"命令社会"的愿景一直吸引着那些具有威权主义的政治本能的人。柏拉图的理想国因其初露极权主义的端倪而受到谴责,也因其对共同体价值的颂扬而受到赞扬,毁誉程度大致相当。

相对的知识

我们现在认为,人类的知识本质上是易错的、相对的。今天我们认为我们关于行星和恒星的知识是"真的",但若干年后,我们可能会认为这些知识大多是"假的"。未来的公民也可能会对我们现在所持的政治看法感到惊讶。哲学家们现在认为,道德事实或政治事实这种东西极不可能存在,更不用说神秘的、超验的"形式"了。

如果是这样的话,柏拉图的观念论哲学"体系"就完全被他的"知识论"(他关于知识的理论)削弱了。

要是没有完美的"形式",那也就不可能有完美的知识、道德、国家或统治者。

因此,智术师普罗泰戈拉坚持认为,在柏拉图的民主雅典,外行一样有权统治。这个观点很可能是对的。

愚人之船

因为老师苏格拉底在公元前 399 年被雅典的民主政府处死,所以柏拉图对民主政府有着无法治愈的厌恶。在《理想国》中,他将民主政体比作一艘船员参与叛乱的船。

但他们的领导者不懂航海,船触礁了,所有人都淹死了。换句话说,民主政体是由蠢人领导的,他们向无知之人做出了无法兑现的承诺,而这总是导致灾难。

民主仍是最好的吗?

那些对民主制度中的争吵、拖延、权钱交易、民粹主义和普遍低效感到不耐烦的人,常常会被柏拉图的精英治理理念所吸引。但我们中的大多数人仍然认为民主是个好主意,比其他所有政治意识形态都更为可取。柏拉图的类比也是误人的。

一个健康的政治社会的真正标志或是其受过教育的公民参与辩论,而不是被动地服从命令。民主政体也使公民能够罢免腐败或无能的政府,而无须发动暴力革命或内战。但是,如果你认为选民受舆论导向影响,已然成了漫无目的的消费者,又或觉得政治家现在只是受焦点小组引导的民粹主义者,那么,柏拉图对民主的抨击或许值得你深思。

亚里士多德与目的论

柏拉图最有名的学生是**亚里士多德**（前384—前322），他思想独立，不同意柏拉图教给他的大部分东西。和大多数古希腊人一样，他也相信"目的因"或"终极因"。

宇宙万物皆是为了特定的功能设计出来的。

因此，对希腊人来说，"好"这个词的含义类似于"实现其目的"。

有机体看起来好像都有其目的：一棵"好"橡树高大强壮；一只"好"猫善于抓老鼠。

达尔文主义者现在认为，这种看待自然对象和自然原因的方式是错误的。自然对象可能**看起来**设计完美，但这是因为它们就是这样演化而来的，而不是因为有某种神秘的原因牵引着它们走向完美。如果它们所处的环境发生变化，就会导致或"推动"它们发生变化，否则就会面临灭绝。

好人与公民

但对亚里士多德来说,这种包罗万象的目的论生物学是非常有意义的。它意味着,只有"兴旺"了,人类才能成为好人或幸福之人。因此,政治必须是**人性**的一个结果。每个人都承认,我们可以用明确的标准来判断某些具有资格的人(如木匠和修鞋匠)是否成功。

通过审视他的同胞和他自己,亚里士多德得出了结论:正是**理性**能力使得我们全然不同于自然界的其他生物。若要实现我们与生俱来的命运,就必须培养这种能力。

实践理性

一个"好人"或功能完善的人是对各种情况做出适当反应（亦即"理性"反应）的人，通常会避免极端行为。

人的功能就是按照理性原则运用自己的灵魂。好人的功能就是很好地发挥这种活动。

因此，最好的社会和国家是"理性的""温和的"，它们能培养一种相互合作、相互尊重的集体精神。

这意味着个体必须首先将自己视作公民，积极地参与政治生活，而不仅仅是被动地遵守法律。亚里士多德的政治哲学并不惊世骇俗，但它避免了柏拉图《理想国》中的乌托邦主义。若不存在永远正确的专家，那么政治就必须更为务实。

亚里士多德的《政治学》

在《政治学》中，亚里士多德承认，政治权威在某种程度上必须取决于被统治者的同意。由于不同的社会选择了不同类型的政府，因此可能不存在一个"完美的"国家。尽管如此，亚里士多德并不赞成寡头政治（富人统治）和民主政治（穷人统治）。

我赞成由最有资格的人实行一种"贵族"统治——我称之为"城邦体制"（polity）。

经济平等

亚里士多德认为,大多数公民应该"中等富裕",如此一来政治平等就不会被经济不平等所破坏。不幸的是,大多数雅典人也同意他的另一个观点,即奴隶只是在履行其"自然"功能。

人性与信念

亚里士多德坚持认为政治生活必须建基于对**人性**的某种描述性阐述，他是第一个提出这一观点的哲学家。

你对自己和人类同胞的看法可能会为你提示出人类生活的**意义**和**目的**，为世界上所有的错误提供**补救措施**，还可能激发你对社会所应该呈现面貌的**愿景**。

但是，你关于人性的理论和"事实"不太可能是"价值中立的"。它们将反映出你的**意识形态**。

什么是意识形态?

意识形态最终具有政治功能。它们一般是用来对特定利益集团的权力加以合法化的看法、态度和价值观。它们通常也是隐含的、"自然化的",因此可以安全地不受质疑。

越是未经审视,它们往往就越强大。

因此大多数西方人倾向于在意识形态上高度评价民主政府和资本主义,认为它们是"自然的"。

本质主义的意识形态

认为存在"人性"这种东西的观点现在常被批评为"本质主义"。若关于人的"真实面目"存在一些基本真理,那么,这些真理应该决定社会的组织方式的看法就说得通。

我们有多自由？

关于人性的理论也提出了形而上的问题，即我们在我们的看法和行为上有多少自由或个性。一些哲学家提示说，我们并没有本质上的人性，而更像是一张被社会和经济环境"书写"的白纸。演化心理学家认为，我们都是遗传基因的产物，这同样是一种决定论。

演化的影响

我们的身体是数百万年间演化的结果。演化心理学家认为,我们的"人性"也是如此。我们具有一些与生俱来的本能和行为特征,它们是我们在过去演化的直接结果。人类演化出了哪些特别有用的"生存基因",目前还不十分清楚。在一些人类之外的动物身上,攻击性显然是一种有用的生存机制。

进犯行为有助于确立领地。

它能让最强壮的雄性繁殖后代,并建立起清晰的等级支配链条。

有大量证据表明,人类也有类似的好战性、领地性和等级性。

但演化论也可以表明,**协作与团队合作**是同样有效的生存策略。

然而,最重要的是,与其他动物不同,我们不会被困在不假思索的本能反应中。人类可以选择压制争斗或合作的本能。

演化证明了什么?

将我们自己与其他动物相提并论是有问题的,而且因为意识形态从中作梗,可能会产生误导。

无政府主义者**彼得·克鲁泡特金**(1842—1921)认为,合作性社会是完全"自然的"。维多利亚时代的富有实业家也研究过自然,但得出的结论却是截然不同且便宜省事的"社会达尔文主义"。

人类之为自私的合作者

人类似乎不太可能通过彼此间不断的争斗生存下来。人类之所以能演化成一个成功的物种,倒很可能是因为他们之间的合作。亚里士多德认为,性喜交际的人类群居而生,就像他们有十个脚趾一样"自然",他这么想似乎是对的。

因此,大多数个体加入并留在群体中,可能是出于自我利益的激励——这样一来,你就能吃得更规律,还可以得到保护从而免受敌人的侵害。

人类通常非常重视合作、慷慨和同情,不赞成较为自我中心的行为。但群居生活也会有墨守成规和顺从传统的弊端。亲密无间的共同体会扼杀个性、想象力和创造力,更有甚者,会助长对被视为"外人"的所有人的敌意。

博弈论

检验这些关于人性的"合作"假设的一种方法被称作"博弈论"。它似乎表明,人们通常出于自私的理由才友善相待。在大量复杂的非输即赢的博弈中,最佳的生存方式就是采取"一报还一报"的策略。

你首先要与每个人合作,然后在他们合作的情况下继续合作。

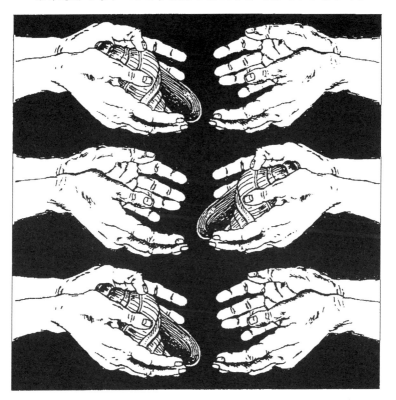

通过建立一系列长期、稳定和重复的关系,你可以以一种相对无压力、可预测的方式积累"分数"。

互惠是有回报的。但只有当博弈是在规模相对较小的群体中进行时,这种策略才会奏效,因为这种情况下每个"玩家"都能记住其他玩家的名字和之前的行为。这也许就是雅典的民主"奏效"的原因。

合作者还是竞争者？

演化心理学和博弈论似乎都指向了某些结论，这些结论对于那些梦想建立理想乌托邦社会的人来说很是尴尬。人类是复杂的生物，他们乐于释放善意，但前提是要有某种**回报**。

同样，一个良性但庞大的社会，如果被过多的政府操作和不近人情的官僚机构压得喘不过气来，那就可能使其数以百万计的普通成员丧失自我责任感与互惠精神，毁掉他们仅存的一点点共同体意识。

关于人性,谁是对的?

令人沮丧的结论是,我们很难知道人性"真正说来是什么",也很可能无法客观地予以描述。

我们所有人都深深地植根于一种特定的生活方式,拥有可能并不属于我们自己的看法,我们用某种语言思考,而这种语言也可能预先就决定了我们如何将我们的世界化入概念。

因此,很难说社会或国家是否如亚里士多德认为的那样是"自然的"。

政治哲学家可能永远都会对我们是静态的还是动态的、理性的还是非理性的、完美的还是堕落的、自利的还是利他的存在分歧。在这件事上,我们并不十分清楚如何判断孰是孰非。

没有政府的生活?

国家可能与任何本质主义的人性模式都没有什么关系。资本主义社会或许是我们之所是的"自然"发展,但也可能是基于某种误人的人性模式人为地偏离了正轨的结果。

无政府主义者称,人类无须国家的强制便可以合作共处。

博弈论似乎表明,无政府主义者可能是对的——前提是周围没有太多渴求权力的个体、罪犯或"搭便车者"。

毕竟几千年来,人类在**没有**政府的情况下生活的时间要比在**有**政府的情况下生活的时间长。

国家是一个相对较新的发明,但并没有一个简单或即刻可见的答案。政治哲学不是一门经验科学。它所能做的只是澄清和论辩这些似乎无法解决的问题,而每当人类对自身进行探究时,这些问题似乎总是会冒出来。

亚里士多德之后的政治学

亚里士多德出生于马其顿，而正是来自他故乡的入侵最终摧毁了希腊城邦。一种强调公民生活重要性的独特政治哲学消失了。

我曾是年轻的亚历山大大帝的家庭教师，所以我在雅典的处境很危险，不得不逃之夭夭。

我征服了几乎所有已知的世界，但我的帝国并没有维持太久。

亚历山大的帝国曾长期统治古代近东地区。

现在，帝政成为欧洲的政治现实：先是亚历山大帝国，然后是罗马帝国，持续了数千年之久。

古代的无政府主义者

希腊和罗马世界出现的哲学家——嘲世派、怀疑派、伊壁鸠鲁学派和斯多葛派——生活在一个现在看来不可预知且危险重重的世界中,他们没有时间研究政治哲学。嘲世派的**安提斯泰尼**(约前440—前370)是希腊世界的第一位无政府主义者。

罗马的斯多葛派与早期基督徒

最著名的斯多葛哲学家是罗马人**塞内加**（前2—65）和罗马皇帝**马可·奥勒留**（121—180）；塞内加是臭名昭著的尼禄皇帝的家庭教师。

西欧的罗马帝国于5世纪灭亡。

公元320年左右，罗马皇帝君士坦丁将基督教确立为帝国的官方宗教，此后仅有的关于政治的文明讨论都是在教会内部进行的。在15世纪文艺复兴之前，教会一直主导着所有的智性生活。

基督教的二元论

中世纪的基督教神学家对人性持悲观态度,因此也不相信会有完美的世俗国家。基督教教导我们说,我们是被困在肉体中的不朽灵魂,因此我们的终极命运在这个物质世界之外。这是一种非常强势的人类"二元论"模式。

圣奥古斯丁的《上帝之城》

圣奥古斯丁（354—430）生活在罗马文明行将崩溃的时代。410 年，入侵的哥特人洗劫了罗马城，许多罗马人指责基督徒对国家的生死存亡明显不关心。在《上帝之城》一书中，奥古斯丁抨击了古希腊的观点：人类通过生活在理性的城邦中而得到某种"满足"。

人类本质上是非理性的、反复无常的。这就是为什么上帝要恩准建立人世间的政府——为了维护和平并实施公正的法律。

公民应该服从政府，参加"正义之战"。但所有人类的真实命运都在别处——他们真正说来都是那个不在此世的"永恒王国"的公民。

圣阿奎那的神学

意大利的多明我会修道士**圣托马斯·阿奎那**（1225—1274）对国家持更为乐观的态度。在《神学大全》一书中，阿奎那描述了支配宇宙万物的所有"自然法"或"神圣法"，从重性（gravity）到人类道德。

我同意亚里士多德的观点。基督徒和所有人一样都是社会和政治的动物，有着生活在社会之中的欲望。

社会亲睦是人类的天性，由此可知，必定存在着某种治理原则。

作为有意识的理性生物，他们能够找出适用于自己的普适"自然法"（主要涉及"不伤害"和"互惠"）。

国家的"实定法"（positive law）或世俗法（secular law）源自自然法（natural law）。因此，如果实定法与自然法相抵触，那它就是无效的，可以不遵守。

因此，人民完全有正当的理由反对暴虐的统治者（尽管推翻政府通常会导致更大的苦难）。

"自然"法

阿奎那的"自然法"思想在17世纪的政治哲学中占据了主导地位。如今，我们已将描述性的"自然法"与人为的规定法明确区分开来。

文艺复兴

"文艺复兴"这一高度复杂的文化现象始于 14 世纪的意大利北部,并在随后的两个世纪中迅速蔓延整个欧洲。它激发了人们对包括政治在内的人类生活各个方面的全新的探究精神。

意大利本身由几个强大的城市国家统治,如威尼斯和佛罗伦萨。

许多同时代的居民将这些国家与古代雅典相提并论,尽管它们非常不"民主"。它们要么由王公统治,要么由富裕家族的政治小团体统治。但它们之间确实争执不断,就跟雅典和斯巴达一样。

马基雅维利的《君主论》

尼科洛·马基雅维利(1469—1527)是佛罗伦萨的一名实务政治家,他做了一件不同寻常的事情:他对政治家的行为加以描述,写出了政治的**本来**面目,而不是像之前和之后几乎所有的政治哲学家那样,规定政治**应该**是什么样的。他的《君主论》一书震惊了整个欧洲,而"马基雅维利主义"这个新词则被用来特指一种无关道德的机会主义。他的书写的是"现实政治",亦即日常政治生活的残酷现实。

马基雅维利观察了政治家在现实中的**所作所为**——比如声名狼藉的切萨雷·博尔哈公爵——并从他们的行为中得出了一些相当令人不快的结论。

国家道德

只要在政治上有利,明智的政治家就会撒谎或违背诺言。如能取得成效,即使暗杀也是可以辩护的。

尽管马基雅维利认为得到民众一定程度支持的共和制是最好的政府形式,但他也意识到,大多数人更关心的是安全,而不是政府的道德。

嘲世者还是现实主义者？

马基雅维利看到，正是**权力**，以无情的效率行使的权力，才能建立和维持稳定与繁荣。

抽象的理论工作就是浪费时间！它实际上遮蔽了政治生活的现实。

马基雅维利是否是一位"哲学家"值得商榷——他的兴趣不在概念分析上。

他那本"声名狼藉"的书为一种全新的政治哲学铺平了道路，这种哲学对人性持一种更为嘲世的现实主义观点，对国家及其功能的看法也不那么理想化。

霍布斯与克伦威尔

托马斯·霍布斯（1588—1679）出生于西班牙组建无敌舰队远征英国的那一年。他一生的大部分时间都在给德文郡伯爵的孩子们当家庭教师；作为保皇党人，他不得不逃到法国，以避免英国内战和**奥利弗·克伦威尔**（1599—1658）的统治。霍布斯通常被认为是第一位伟大的现代政治哲学家。

在《利维坦》一书中，我试图说明社会和政府既不是上帝赐予的，也不是"自然的"……

国家是一种人为创造，完全不是自然的，但却必不可少。

与马基雅维利一样，霍布斯坚持认为政治应该远离宗教信仰。例如，人们总是相信自己对《圣经》的解释，并在宗教良知的驱使下采取行动。这不可避免地会导向极端主义和血腥内战。

人的科学

几何知识以及从若干基本公理中演绎出它们的方法给霍布斯留下了深刻印象。既然数学如此,为什么政治就不行呢?他首先提出了完全唯物主义的"人的科学"。

物理学家伽利略的"惯性原理"给我留下了深刻印象……

根据这项原理,当一个物体处于运动状态时,它将永远运动下去。

因此,包括人类在内的一切存在者,归根到底都是以"运动中的物质"为基础的。

人类是一种永远躁动不安、不稳定的生物,被其欲望和厌感从四面八方推来操去。

心理自我中心者

动机和信念是一系列欲望和厌感碰撞的最终结果,就像不安分的台球一样在头脑中游走。人类也是"理性的",这是说,他们会计划着如何来满足自己的欲望,会思考如何最好地保护自己免受危险。

霍布斯的人类是不由自主的"心理自我中心者"——一种完全自私的生物,被设定为只关心其自身的生存和兴旺。

自然状态

在没有社会之前的"自然状态"中,每当自私的个体聚集在一起时,每个人都会试图在与他人的竞争中满足自己对财富、朋友和名声的渴望。每个个体在体力和智力方面也大致平等。但物资稀缺,暴力盛行。

"缺乏社会所提供的一切"定义了霍布斯的"自然状态"。

囚徒困境

这是一场充满暴力和不安全感的噩梦,没有谁希望如此,但它却是每个好斗个体试图通过先下手为强求得生存的必然结果。

政治哲学家有时会把这种不希望看到的最终结果称作"囚徒困境"(在这种情况下,两个囚徒的彼此背叛似乎是相当理性的,即使结果对他们双方都更糟)。

出路

你若接受霍布斯关于人类心理的初始前提,他的结论就是合乎逻辑的。恶性的自然状态是当没有至高统治权力强加秩序时,我们所陷入的混乱和暴力的深渊。

人类与生俱来的社会性只是一个神话。社会是一种必须由人来创造的生存状态。

但所有个体都惧怕自己过早死亡,都会想方设法地避免死亡。

我们可以理性地展望未来,看看如何通过彼此同意遵守自我保护所必需的"自然法"来确保个体的生存。霍布斯同意阿奎那的观点,认为存在着"自然法"——特别是,每个个体都有保护自己生命的权利,同时也有相应的义务不伤害他人。

可执行的强制力

还必须有某种形式的强制性权力来惩罚那些为了自身利益而破坏"社会契约"的人。"没有剑的合约只是言辞,根本没有力量保证一个人的安全"。

如此一来,孤立的陌生人就可以通过"合约"——一种所有人都一致同意的、可强制执行的契约——成为社会性的存在者。

人类社会不是"自然形成的",而是构建出来的。

与蜜蜂或蚂蚁那种出于本能而形成的共同体不同,人类只有在达成一致的情况下才会形成"社会"。

个体必须放弃自我治理的权利。然后,至高统治权力"被授予权威",为这个由自我中心的个体组成的社会行事;作为一种法律上的虚构,它以某种方式"代表"他们所有人,并对每个人拥有绝对的权力。这就防止了任何进一步的冲突。服从意谓保护。

至高统治权力

至高统治权力治下的臣民"有义务"服从,因为他们将被迫这样做。个体只有至高统治者所允许的自由。至高统治者本人不签订任何形式的契约。如果他这样做了,那就意味着某些个体可能会质疑他的权威,从而引发内战,回到"自然状态"。

只有在至高统治者蓄意杀害或伤害他们的情况下,个体才能造反,因为此种伤害破坏了自我保护这一首要的"自然权利"——其他所有权利都是由此而来。

至高统治者如何征召军队因此变得十分不清楚。

绝对君主

霍布斯的阐述开始于自由个体，结束于至高统治——个体若想要避免政治混乱始终存在的威胁，至高统治权力就必须是绝对的。这种绝对的至高统治权力应被赋予单个君主，因为这样可以最大限度地减少祸害其他所有形式之政府的分裂和腐败。

查理一世

霍布斯勉强认为"自然法"对绝对君主的总体权威也施加了一些限制。

他们应该普遍地无偏私地施用法律，只有在理由充足的情况下才惩罚个体。

但是，对至高统治者的权力的任何限制都不会成为个体公民的"权利"，因为这些权利现在都转让给了至高统治者。（虽然个体权利何以能"转让"或"放弃"并不总是很清楚，甚至没有必要。）

霍布斯的观点存在的问题

霍布斯对人性、契约意义上的"同意"以及政治权威的阐述影响深远。他同时代的批评家震惊于他对人类如此嘲世的定义,以及这种否认国家源自神之许可的政治哲学。他们还认为霍布斯的社会契约涉嫌"循环论证"。

那些在至高统治权力被授予执行契约的权威之前就遵守契约的人,很快就会成为不遵守者的猎物。霍布斯的解决方案是让整个过程成为一种各方同时参与的即时赌博。

天生自私

许多批评者还认为,霍布斯笔下的人怪得像是原子化的"现成"生物,没有内在的社会性。在试图重新定义"慷慨""利他"这类语词,解释人类为何仍然经常认可此类行为时,霍布斯等"心理自我中心主义"的倡导者遇到了很大的困难。

如果霍布斯对人性的阐论是真的,道德词汇的存在就无法解释;但若不是真的,那就完全可以理解了。

"人性"可能并不像霍布斯坚持的那样是固定的、被决定下来的。

人性似乎比他所允许的更具可塑性和社会性。

霍布斯不允许他的自我中心者受自私以外的东西促动,因为那样的话,他的"自然状态"可能就不那么具有威胁性,也就无法证明绝对主权的必要性。霍布斯对某种介乎中间的"公民社会"兴趣不大。一跃之间,他的个体就从自私的孤立状态进到了一个完全成形的威权主义的政治国家。

约翰·洛克

约翰·洛克（1632—1704）的政治哲学对历史事件和政治制度的实际影响很可能超过了霍布斯的任何著作。洛克的资助人是著名的沙夫茨伯里伯爵，辉格党的主要创始人。沙夫茨伯里信奉宗教宽容，对一切形式的绝对主义都持批判态度。1683年，沙夫茨伯里失去了政治影响力，两人不得不逃往鹿特丹，但后来他们又于1688年返回英国——正是在同一年，英国发生了"光荣革命"，信奉新教的奥兰治的威廉取代了天主教君主詹姆斯二世。

1670年代末，洛克秘密撰写了著名的《政府论》，多年间他一直拒绝承认那是他的作品。

另一种自然状态

与霍布斯一样,洛克也是从自然状态中的个体开始其理论建构的。但洛克的个体在心理上不那么坚定或超脱。洛克认为,即使在这种原始境况中,每个人也都能分辨是非。

一个在蛮荒林区向一位瑞士绅士许下诺言的美洲野蛮人也知道,诺言是有约束力的。

每个个体都非常了解"自然法",服从于它们可以确保大多数人不会损害他人的生命、健康、自由或财产。

洛克的前政治"共同体"本质上是他所处的17世纪社会的一个良性版本,一个没有政府的版本。它似乎颇具吸引力,但洛克相信,这只能是一种短期事态。

洛克的自然法

洛克比霍布斯更像一个传统主义者。他明智地对"自然法"的起源含糊其辞,但坚持认为它们是强制性的,因为它们是上帝规定的(这让上帝颇像霍布斯笔下的绝对君主)。自然法也是"理性的",这使得它们具有普遍性和绝对性。

财产的定义

根据洛克的观点,在最初的自然状态中,上帝将地球赐给了所有人。他还赋予每个人理性,使每个人都能最大限度地利用世界上的资源。每个人也都拥有其身体,因此,通过将身体的劳作与自然相结合,个体就获得了对某些土地的财产权,从而将其从共同储备中分离出来。

不平等的权利

但洛克想要强调的是,早在任何社会或政治国家出现之前,财产制度就已经存在。对财产的拥有赋予个体不可侵犯的权利和不受国家干涉的自由。

仇杀问题

但即使这种相当复杂的自然状态（已经允许有地贵族和仆人阶层的存在）也"不合适"。少数堕落的个体总是存在的，他们总是会去抢劫和谋杀无辜的人。

每个人对自然法都会有不同的解释，有些人甚至会采取霍布斯所说的"先发制人"的暴力行动。

社会的优势

解决之道是将自然法中模棱的强制命令转化为更清晰的、可执行的实定法。这就是为什么个体首先同意组成一个契约"社会"而不是国家。因此，社会更像是一家富有个体可自由加入的共同持股公司，能够实现互惠互利。

神圣权利

洛克的政治哲学在一定程度上是与**罗伯特·费尔默**爵士的《君父论》对话的产物——后者首次发表于 1679 年,宣称所有君主都拥有神圣人格,都是神任命的,因此就像父亲一样,对其庞大的"家庭"拥有"自然"权威。

但这种绝对主义的观点似乎无法证明也无法解释,成功的篡位者是如何继承神圣权威的;而最令人担忧的是,这种观点将无限制的权力赋予了一个个体,而将其他所有人都定义为没有自己财产权的"臣民"。

政府与公民

洛克的个体已经实现了社会化,不需要绝对君主来维持秩序。他们只需要一个中立的权威来解决争端,并确保罪犯受到"无差别的"惩罚。

最低限度的政府

在一个政治社会中，洛克的个体不必因为某人或某个建制被任命制定法律并执行法律而放弃自己的生命权、自由权和财产权。政府更像是一个"受托者"，而不是签订契约的一方——因此它有义务但却没有权利。政府的权力也受到严格的限制，它完全取决于公民的同意。

因此，霍布斯用他的自然状态来说明为什么绝对主权是必要的；而洛克则用他的自然状态来证明政府永远只能拥有有限的权力。

改换政府

若一个政治社会拥有中立的法官、法律的框架以及权力有限的行政机构，那它就应该是可预测的、稳定的、和平的。出于信任，政府被委以权力，但公民始终有罢免政府的权利，如果它滥用权力的话，例如，未经同意就对财产增税。如果行政机构变得暴虐，人民就可以用武力将其去除。

反逆者与政体

洛克认为,政府或君主必须完全是压迫性的(而不仅仅是腐败或平庸的),改换政府才是合法的行动。专制统治者最好被想象成政治社会的"反逆者"。反抗其权威的起义只是恢复政治现状的一种方式。

诸权分立

洛克认为,权力应该分开,这样才不会被任何一个政治建制所垄断。**立法**机构在经过适当的辩论和讨论后制定法律。然后由**行政**机构执行。洛克认定**司法**机构是行政机构的一部分。

"权力分立"或"制衡"的概念对美国宪法产生了巨大的影响……

尽管美国的开国元勋们大多是从法国思想家**孟德斯鸠**(1689—1755)的著作中了解到洛克的思想的。

每当立法机关与行政机关之间发生重大争议时,立法机关必须始终优先于行政机关。

重要的是**法的统治**,而不是当时的政府。

谁可以投票?

在洛克那里,政府的作用微乎其微。国家的存在主要是为了确保有成乎系统的规则来管理财产的转移,而不是为了重新分配财富或维持公共福利。

> 只有那些继承财产的人才有投票权,因为他们是在表达同意,同意一个以**保护财产**为主要职能的政权。

> 穷人忙于生计,没有时间接受足够的教育来思考政治问题。

> 所以我们没有被赋予选举权。

同意抑或盲从

洛克意识到,所有人都"同意"接受政府的统治这一想法是有问题的。他认为,大多数人的"同意"只是"默示的"——公民之所以被视为同意服从国家,或是因为他们没有移居国外,又或是因为他们从国家所提供的东西中受益。

但很难看出默示的同意与听任、盲从或不关心有多大的区别。

而且在大众传媒发达的现代社会,同意很快就能**被制造出来**。

诺姆·乔姆斯基

真正的"同意"很可能涉及自由公开辩论和某种选择因素。

休谟的批评

在现实中,一个真正严肃对待"同意"的政治体制很快就会变成一个由诸多持分离主义立场的国家拼凑而成的东西。而且如苏格兰哲学家**大卫·休谟**(1711—1776)所言,也没有任何政治国家是通过假定的"契约"建立起来的。"如果你问大多数人他们是否同意其统治者的权威,他们会倾向于对你产生非常奇怪的想法,他们会说,这件事并不取决于他们的同意,而是他们生来就应该服从。"

尽管如此,成为受法律约束的公民并不意味着要受到绝对君主的强制。

公民必须同意接受统治意味着其"同意"是持续的,而不仅仅存在于政治社会诞生的那一刻。必须始终为每个个体保留个人自由的大片空间,并为国家权力设定明确的界限。

卢梭的政治哲学

让-雅克·卢梭（1712—1778）的政治哲学在政治哲学教科书中通常紧随霍布斯和洛克的政治哲学之后。

文明与人性

卢梭出生在信奉新教的日内瓦共和国,该国由普通公民组成的立法会议和行政会议统治。他是一位自学成才的政治哲学学者、希腊城邦雅典和斯巴达的忠实崇拜者。1749年,他突见"异象",一时名动欧洲。

我看到,人类并不像霍布斯或洛克所描述的那样,是具有固定的品性特征、完美成形的个体。

人性从来不是静态的,而是依塑造它的**各种文明**而演变。

人类创造了不公正、压迫性的政治国家,正是**这些政治国家**使个体变得贪婪、邪恶,一如霍布斯笔下的那副模样。大多数人疏离于他们自己所创造的种种建制。

前社会的自然状态

卢梭在《第二篇论述》中描述了生活在自然状态中的前社会的男男女女。但这一回,他们不是恶意满满的自我中心者或拥有地产的绅士阶层。卢梭笔下的初民同样是虚构的,但更多的是人类学意义上的虚构。

卢梭笔下最初的男男女女只是**潜在的**人类——孤立自处、没有恶意的灵长类动物,对"自然法"一无所知,尽管它们本能地避免相互伤害。

财产与法律

随后,农业发明不幸地出现了,与之相伴的是更具灾难性的"财产"这一观念及其相应的经济不平等。少数聪明的土地所有者很快就意识到他们需要合法并且可以强制执行的财产权,于是他们提出了社会和政治契约的想法。每个欲求和平与安全的人都同意接受这些契约。

卢梭并没有宣称有一种更好的"本质主义的"人性值得我们所有人回归,但他确实认为,文明的好处只有以扭曲、不自然的人性为代价才能实现。

自然教育

卢梭对文明的批判起初令他的同侪——启蒙"哲人"**伏尔泰**（1694—1778）和**德尼·狄德罗**（1713—1784）——感到震惊，继而出离愤怒。但他的"原始主义"哲学仍在影响着所有认为文明代价过高的人。幸运的是，卢梭的愿景也比表面上看起来更加乐观。如果人类既有理性又有自由意志，那他们总有可能改变自己的人性，使之变得更为利他，也更富集体主义精神。

爱弥儿必须放弃他"自然的"自我——这就使他所受到的独特教育显得毫无意义。需要改变的是社会本身，而这正是卢梭最重要的政治著作《社会契约论》的主旨所在。

自由与社会

卢梭意识到,儿童要成为真正的人,就必须接受社会化。在家庭,在小团体中,在作为忠于国家的公民那里,人类发挥着最大的作用。但只有每个个体的行为都受到习俗、规则和强制性法律的约束,社会才能存在。

立法会议

与之前的霍布斯和洛克一样,卢梭也认为有必要来说明政治"同意"和"义务"的道德基础。霍布斯将主权等同于某种绝对权力,与公民的需要和欲望相分离,因为后者只会带来无尽的苦难。但卢梭坚持认为,公民遵守法律有其真实的道德理由,不单单是出于某种审慎的理由——因为所有法律其实都是"他们的"。

因此,说来也矛盾,在政治社会中,人们更加"自由"。遵守社会的法律会给每个人带来更多的自由。

全体意愿

由于卢梭的立法会议包含**所有**公民,因此国家必须保持小国寡民的状态——就像古代的雅典或 18 世纪的日内瓦。

孩子们被培养成好公民,其思想和行为都具有集体主义精神,对于他们,这种精神很快就会像家庭亲情一样自然。因此,法律和国家是人民意愿的恰当表达,这就证明了两者主权的正当性。

完美公民与退步者

说到底，法律是为造福那些迷道误行的个体制定的，若他们不遵守法律，就必须提醒他们履行他们对国家的义务。

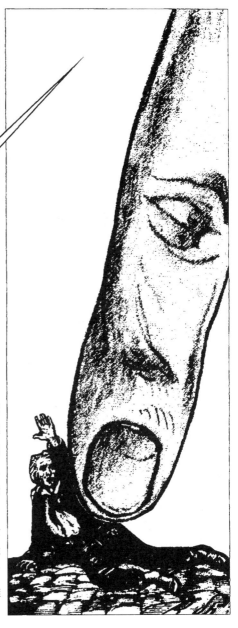

他们必须被迫获得自由。

卢梭理想中的共和国听起来民主而又不失体面，但却建立在非常乐观的基础上——为了全社会的善好，完美公民表达出某种神话般的"全体意愿"。

与洛克笔下的有地绅士不同，卢梭的公民没有个体权利。公民国家完全垄断了所有政治意见，并拥有强推其意愿的绝对权力。

契约与立法者

卢梭的集体主义国家多多少少是从原始个体之间的理解中"涌现"出来的,这个过程似乎更像是一个有机过程,而不是契约过程,因此需要"立法者"这种人类催化剂。

卢梭还建议他的公民都来信奉一种"公民宗教",这是一种模模糊糊的自然神教,温和但却具有强制性,因为它将激励人们效忠国家。

政治之为伦理

因此,卢梭的集体主义国家完全不同于霍布斯和洛克的联合体,后者由自私或拥有财产的个体组成,只是出于自我利益的现实理由聚集在一起。与柏拉图和亚里士多德一样,卢梭认为政治是伦理的一个分支。

这意味着,社会、国家和全体意愿等抽象存在物都有其独特的道德存在,与个体自私的欲望是完全分开的。

科西嘉和波兰

卢梭不折不扣的共同体至上主义似乎没有一以贯之。这种前后矛盾来自以下事实:一位因倡导艺术自由而闻名于世的人,在自己的日内瓦公民共和国却因宗教不宽容而逃离。然而,他给科西嘉和波兰公民的建议表明,他并不是一个刻板的观念空想家。

我并不热衷于反对某些财产所有权,我尊重地方传统,但前提是原有的政治建制必须足够小,小到所有公民都能直接参与公共生活。

作为一个终生没有国属的外人,卢梭幻想着在一个由志同道合的同伴组成的小型共同体中度过一生。他从未完全放弃对他童年时代的日内瓦的钦慕。

国家道德

卢梭理论上的公民国家有可能是一个极权主义国家。最近的历史似乎表明,培养理想公民是不可能的,而且很可能是不受欢迎的。国家的"公民"教育很容易沦为灌输。对于大多数普通人来说,对其压迫性的集体主义国家的忠诚只是出于自我保护的需要假装出来的。

卢梭的国家没有宪法对其绝对权力进行制约,并且不承认个人隐私。他的公民很容易就疏离于他们自己建立起的政治体制——这是政治生活中经常出现的现象,无论你如何努力地避免,这似乎都不可避免。

法国大革命

法国大革命爆发于 1789 年,彼时人们的要求是建立一个更加君主立宪的政府。最后,大革命废除了君主制和世袭贵族制,削减了大多数形式上的阶级差别,结束于"恐怖时期"的混乱暴力和断头台。此时的国家是一个"平等公民"的国家,贵族与神职人员无立足之地。

大革命提出了新的理论问题和实际的政治问题,这些问题没有简单或显见的答案。大革命还催生了早期的社会主义者和无政府主义者,他们有时被称作"卢梭的孙子"。

他们经历了一个巨大的革命动荡时期,看到了永远改变社会的可能性。

法国社会主义的诞生

"法国社会主义之父"圣西蒙(1760—1825)深信,严格运用哲学和科学可以解决大多数社会问题和政治问题。通过研究过去,我们可以了解历史的演变模式——从基于宗教迷信的"有机的"封建国家,到由科学家、工程师和实业家精英统治的新型"批判性的"世俗工业社会。

圣西蒙的社会主义愿景是建立一个高度理性和极其高效的社会——一个技术官员和行政人员指导下的中央集权的优绩制蜂巢,这个蜂巢由不同的工人组成,工人们在完美的和谐与团结中劳作。法国将成为一个由管理人员管理的巨大车间,但这一次,科学和工业的巨大生产潜力所惠及的不仅仅是少数企业家,而是所有实际上创造了社会财富但又贫困的"勤劳阶级"。

什么是社会主义?

与所有意识形态一样,社会主义也是由各种论证、看法和观念组成,关乎人类的"真正本质"以及最能满足人类需要和欲望的社会类型。18世纪末,工业资本主义开始在欧洲蓬勃发展,社会主义就是在这种背景下产生的。大多数社会主义者认为,资本主义社会是蓄意组织起来的,以便一小撮特权阶级始终能够剥削其他人。只有工人阶级获得了政治权力,这种侵害才会结束。要改变现状,个体必须了解自己**如何**以及**为何**受到压迫。消除不平等和贫穷的一个显见的办法就是确保生产财富的各种资料(土地、机器和工厂)为共同体所有。但社会主义者并没有就应该由什么样的"共同体"来拥有生产资料达成一致。

彼得·克鲁泡特金(1842—1921):所有劳动都应得到适当的回报,经济上的平等理应得到争取。

皮埃尔·普鲁东:当人类从事某种形式的创造性工作时,他们"自然"是最快乐、最有成就感的。

米哈伊尔·巴枯宁(1814—1876):合作而非竞争是社会的"自然"状态。

大多数自由主义哲学家对社会主义意识形态持怀疑态度。他们回应说,人类依其"自然"可能就迸犯好斗、争强好胜、游手好闲,而不是勤劳、富有合作精神;而且社会主义社会的自由程度一定会更低,因为经济平等必须强加给所有人。

夏尔·傅立叶的世界和谐论

古怪的**夏尔·傅立叶**（1772—1837）同意圣西蒙的观点，也认为人类的历史表明启蒙和进步是不可避免的。人类必须经过36个不同历史时期的进步，才能经历社会和政治处于完美状态的时代。他最有名的作品《世界和谐论》是一部非凡的乌托邦幻想作品，在这本书中，他提出了由1610人组成的共同体（或称"法伦斯特尔"），这些人共同生活在一座巨大的建筑中，每天从事着12种不同的工作。

至少傅立叶强调快乐与自发性，没让个体从属于国家。

欧文的乌托邦社会主义

许多英国作家和哲学家起初对发生在法国的事件十分着迷,但随后又对"恐怖时期"的暴乱行为——它给革命带来了坏名声——感到恐惧。**罗伯特·欧文**(1771—1858)相信,他所支持的社会和经济变革会自然发生,无须诉诸暴力动乱。

欧文这位"英国社会主义之父"以不懂大多数政治哲学著作而自豪。他曾先后是多家棉纺厂的经理和所有者,也是一位伟大的社会改革家。在新拉纳克,他为工厂里的工人设计了一个模范村,并在印第安纳州的新哈蒙尼短暂尝试过建立一个更激进的共同体至上的社会。

小规模民主

欧文还密切参与了英国的合作社运动和工会运动。在《新社会观》一书中,他坚决赞同卢梭的观点:人是由社会、教育和经济环境决定的——穷人之所以贫穷,很少是因为他们游手好闲或无所事事。

欧文对未来社会有着自己独特的愿景:一个由工人和家庭组成的小规模的共同体,他们自己管理自己,并拥有所有的生产资料。只有这种自给自足的小共同体才能真正实现民主。最终,当整个世界都由工农业共同体联盟组成时,对政府和国家的需要便会消失。

无政府主义

无政府主义是源于法国大革命的另一种伟大的政治意识形态。无政府主义的意识形态与社会主义有许多共同之处,但它坚信个体和社会无须国家强制即可组织起来。社会是自然形成的,而国家则是人为强加的。**威廉·戈德温**(1756—1836)受法国大革命的启发,撰写了《政治公正问题的探究》(1793)一书,在这本书中他主张建立无国家社会。其他一些重要的无政府主义者包括**皮埃尔·普鲁东**(1809—1865)、**米哈伊尔·巴枯宁**(1814—1876)和**彼得·克鲁泡特金**(1842—1921)。

无政府主义者展望了一个没有剥削和不平等的未来社会,它比现存的任何社会都更加"理性"或更加"自然"。个人自由将最大化,物质财富将公平分配,而且政府也将不复存在。

没有财产的自由?

然而,如何才能实现这种颇具吸引力的事态,一直是一个令无政府主义者产生分歧的问题,因为他们对人性、人性中所能具有的利他性以及与这类信念相适应的经济生活形式有着不同的阐述。

克鲁泡特金对个体在没有自己的财产、没有任何物质奖励的情况下从事工作的意愿高度乐观。

一些无政府主义者是右翼自由主义者,他们拒绝国家对个人事务的任何干涉——即使这意味着有权势的资本家将以其他所有人为代价而兴旺发达。

无政府主义的社会道德

那些极少数昙花一现的无政府主义社会通常都遭到了暴力镇压。但无政府主义意识形态本身似乎不太可能消失。它是对社会主义意识形态威权方面的有益纠正,并对现代女性主义的理论和实践做出了巨大贡献。各种直接行动,如当前反对全球资本主义的运动,都受到了"无政府主义的启发"。

至于没有政府的"自然社会"是什么样子,谁也说不准。因此,政治意识形态还是一如既往地依赖于更加玄乎的对人类"真正本质"的看法。

黑格尔的政治哲学

黑格尔（1770—1831）一生中的大部分时间都是职业学者、普鲁士国家的雇员。

黑格尔认为公民社会和国家差不多是一回事；和卢梭一样，他很少对两者加以区分。在黑格尔看来，国家是一个有其独特特性的伦理实体，它不仅仅是个体力求保护自身利益而做出的人为的法律安排。

权利哲学

和大多数政治哲学家一样,黑格尔试图调和主观的个体及其特定利益与他们对客观的社会和政治建制的平等需要。

这是一个复杂而漫长的互动过程,黑格尔在《权利哲学》一书中对此进行了详尽的探讨。

黑格尔首先指出，人是社会的动物，是由与其他人的关系定义的。

成年个体对其独一无二的身份有着更强烈的感觉，同时也受到自我利益和积累财产之欲望的驱使，因此，他们与其他人的关系主要是经济关系。但市场经济需要法律系统的管制，这样才能很好地调控交换。依洛克之见，这差不多就是国家的起点，也是其功能的终归。

公民与有机国家

黑格尔的国家远不止是一个规制机构。它不是契约协商的产物，而是人类存在方式的有机的、不可避免的后果。因此，在国家中发展是人类的命运。国家具有超越其个体成员自我利益的伦理维度。

国家不仅控制着公民社会，还构成了公民社会。国家使"理性自由"对于所有人来说成为可能。作为国家的一部分也会改变每个个体的意识，也就是说，会改变他们看待自己和他人的方式。

宪治

现代国家的公民身份创造出的个体自由比古希腊城邦尽最大可能创造出的个体自由还要多。在现代国家，个体不仅可以参与社会和政治生活，还可以在各种经济、文化和宗教活动中追求自己的利益。

国家不仅使最大限度地满足个体特定的愿望和需要成为可能，同时也使实现个体的本质天性和真正自由成为可能。

黑格尔理想中的政治社会由一个国家议会组成，在这个议会中，不同的社会成员在立法和政治决策中都有发言权。一个由专业的公民服务人员（"普遍阶级"）组成的高层确保没有任何一个利益集团占据主导地位。与柏拉图笔下的护卫者颇为相似，这个精英群体也是根据其优绩任命的，拥有极大的权力。

全能国家

黑格尔的政治结构以世袭君主为首脑,其为体现国家统一的象征性人物。它的制衡框架是保守的、传统的,与黑格尔所处的 19 世纪普鲁士君主立宪制非常类似。黑格尔对其国家的感情有时相当令人担忧。

黑格尔常被指责为普鲁士国家主义卑从的先知,尽管他偏护君主立宪制、明确的三权分立、成文法、陪审团制度以及言论和意见自由。

黑格尔的形而上学

和其他许多政治哲学一样,黑格尔的政治哲学建基于一种极其繁复的哲学观念论形而上学、诸多关于人类意识演化的理论,以及一种对人类进步所抱有的宏大历史主义愿景。亚里士多德认为,理性是定义人之为人的标志。

理性是一种美德,它使我们能够把握宇宙本身的整体合理性。

我同意。人类的意识、文化生活、思想装备以及政治建制都在不断变化,并在朝向对政治更高形式的觉知**进步**。

黑格尔深信,历史本质上是这种人类集体意识(他称之为"精神"的神秘存在物)演化进步的叙事。因此,个体心智是宇宙心智的一部分,而这个唯一的宇宙心智决定了对人类来说什么是"实在的"。

辩证法

人的意识从来不是一成不变的，而是在吸收旧的、不太恰当的概念框架的基础上，不断演化出更有成效的概念框架。新的经验可以在进步的各个阶段中得到合适的构建。

人的意识在**冲突和冲突的解决**中不断演进……

人类并不只是在领会这个世界，而是在操纵和改变它。

反题

合题

正题

历史中的不断变易意味着不同的政治观念总是处于斗争之中，这是黑格尔独有的"逻辑"过程，即著名的"辩证法"。对立的政治理论不可避免地进入到相互同化（或曰"综合"）的复杂过程当中，从而产生出更加进步的国家、公民和自由的概念。

理性自由与进步

这一辩证过程意味着人类终将觉知"理性自由"的必然性,也就是说,人类终将达成抽象的、无限制的自由与社会和政治生活的需求之间的综合。

黑格尔的结论是，人类必然是**国家的动物**，注定要在政治共同体中发展。由于我们是这种喜好交际、热爱自由的生物，国家就是一个不可避免的结果。

随着整个目的论（teleological）过程的历时推进，国家和公民都将变得越来越理性。

Telos：源自希腊语，意为"目标"或"目的"；teleological："以目标为导向的"。

对黑格尔国家观的批评

黑格尔试图使国家成为不断演进的人类意识在逻辑和伦理上的一个分支,但他的这一尝试并非没有受到质疑。现在没有多少哲学家接受黑格尔主义的核心"目的论"学说——尤其是他关于"精神"是神圣的宇宙心智的阐论——也没有多少人相信他对人类意识、社会和国家的进步论的、目的论的、历史主义的阐论。

他还认为，一些"演进"到更高层次的国家"有权"统治其他国家。和洛克一样，黑格尔笔下的公民都是财产拥有者，他们将自己的"主观"欲望"客观化"，从而在社会中获得了人人都认可的地位。

尽管如此，黑格尔的政治哲学仍是一番用意严肃的尝试，旨在表明现代国家如何将以自我为中心、以获取为目的的市场经济个体塑造成具有共同体意识和利他精神的公民。对于他的伦理国家的服从是一种**伦理倾向**，而不仅仅是为了便宜行事。这既是一个令人钦佩的想法，也是一个非常危险的想法。

埃德蒙·伯克的保守主义

与其他 18 世纪晚期的政治保守主义者一样，黑格尔也对法国大革命的极端主义和暴力感到震惊。《权利哲学》(*The Philosophy of Right*) 某种程度上就是对这些事件的反应。他不信任各种革命狂热，对拿破仑政权的军事势力和扩张野心充满敌意。英国保守主义的代言人**埃德蒙·伯克**（1729—1797）也表达了类似的保留意见。

正是这种本能的"成见"维系着整个社会，并使个体成为公民，其作用远远超过任何对道德或政治原则的自觉遵守。

伯克的保守主义是其认识论上的怀疑论的产物。因为社会作为一个整体是无限复杂和极其微妙的，没有哪个个体能完全理解它。因此，摒弃传统的政治和社会建制，转而追求建立在"自然权利"等含混概念之上的抽象乌托邦方案是危险的。

在《反思法国大革命》（1790）一书中，伯克批评法国人毁掉了有可能造就文明生活的政治和社会建制。英国人能够在1688年更换国王，却没有破坏其稳定的政治体制。伯克是一位"反哲学家"——不信任任何抽象概念和崇高理想——他向他的公民同胞发出警告，警告革命思想和实践的危险性。（当然，他本人保守的政治观点完全出自其意识形态。）

潘恩的《人的权利》

伯克的观点受到另一位英国人**托马斯·潘恩**（1737—1809）的攻击，他是《人的权利》（*Rights of Man*）一书的作者。1775年，潘恩移居美国，在那里他写下《常识》（*Common Sense*）以支持美国革命。之后，他于1787年访问法国，并当选为国民议会议员。

在像《土地正义》（*Agrarian Justice*）这样的后期著作中，潘恩主张建立某种福利国家并对税收进行再分配。他是一位伟大的论战家，积极捍卫普通人辩论政治原则和鼓动改革的权利。

人权问题

潘恩负责普及"人权"这个一直以来令政治哲学家感到不安的观念。"权利"通常是由弱势方向强权方申索的。政府不愿满足人们对"权利"的要求,因为它们往往会成为代价高企的义务,比如儿童保育、教育、医疗保健等方面的"权利"。

黑格尔右派与黑格尔左派

德国的"右派黑格尔主义者"采纳了黑格尔的政治哲学,认为普鲁士国家差不多到了完美理性的最后辩证阶段,应该保持不变。而"左派黑格尔主义者"则认为黑格尔的这一进程还有很长的路要走。现在谁还记得前者中的那些名字?但每个人都听说过最著名的左派黑格尔主义者——**卡尔·马克思**。

马克思一开始是同意黑格尔的观点的——正是**观念**之间无休止的战争决定了人类的意识和历史。

经济决定论

但马克思后来发现黑格尔"头脚颠倒",必须"颠倒回来"。马克思的意思是,观念不能决定人的现实,而是反过来,客观的物质力量和经济现实决定了人的观念。因此,马克思被称作现在大家所熟知的"辩证的唯物主义者"。

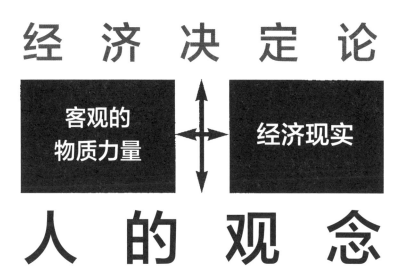

不是人的意识决定了人的存在,恰恰相反,是人的社会存在决定了人的意识。

马克思的政治哲学虽然复杂且涵盖范围宽广,但却依赖于**经济决定论**这一相对简单的前提。人类的最佳定义不是自私的自我中心者,而是努力从其物理环境中生产物质产品的经济存在者。人的解放来自对经济状况及其社会关系之产物的充分理解,而非通过某种绝对意识的神秘演化。

资本主义的不可避免性

马克思相信,像达尔文将生物学变成"科学"一样,通过将所有自然现象置于决定论的演化法则之下,经济学也可以成为"科学"。对经济状况及其历史的科学研究揭示了所有人类信念和活动的根本原因。

经济"下层建筑"始终决定着所有政治、宗教和文化现象的"上层建筑"。

马克思之前的大多数古典经济学家,如**亚当·斯密**(1723—1790)和**大卫·李嘉图**(1772—1823),都认为资本主义不可避免,甚至是上帝的启示。洛克想当然地认为,财产和资本主义就像社会本身一样是"自然的"。卢梭对这一假设提出了质疑,而马克思则坚持认为,财产及其畸形的产物——资本主义——是不自然不公正的,注定要灭亡。

邪恶的资本家

但什么是资本主义？纵观历史，人类通过不同的"生产方式"从事着各种各样的经济活动。资本主义是一种相对较新的经济活动形式，被证明在生产大量物质产品方面极为成功。工业革命在纪律严苛的工厂系统中利用"流水线"上的劳动分工提高了效率，从而使资本所有者获益匪浅。

资本主义是极不公正的，因为生产资料为少数富人所有。现在，很大一部分人都是工厂里的工人，被当作机器，也就是说，是实现他人经济目的的手段。

凝固的劳动

马克思同意李嘉图的"劳动价值论",即资本家**从他们的雇工身上**获取利润并由此增加了资本。因此,他们的财富真正说来是"凝固的劳动"。

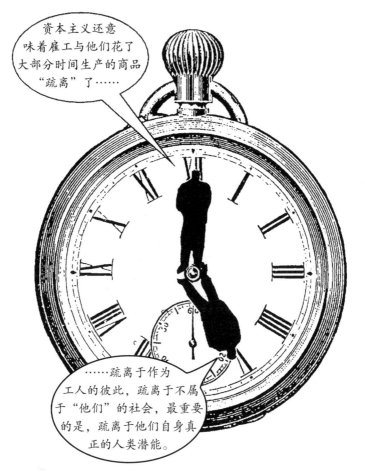

资本主义还意味着雇工与他们花了大部分时间生产的商品"疏离"了……

……疏离于作为工人的彼此,疏离于不属于"他们"的社会,最重要的是,疏离于他们自身真正的人类潜能。

对马克思来说,现代社会不过是一个不平等的市场,由国家权力控制,而国家权力本身是由少数富人设计出来强制其他人的工具。黑格尔认为,国家是理性的人性不可避免的有机分支。马克思则将其视为一场资本生产的合谋。

意识形态的功能

维持资本主义社会的不仅仅是赤裸裸的强制。意识形态更加微妙的力量甚至更加重要。人类禁不住以神话的方式构想世界。他们将各种范畴强加于自己的经验以使其成乎意义。这些范畴可以是形而上的、政治的,也可以是伦理的或宗教的。

人们相信某些政治和经济实践普遍有益,其实不然。

我们之所以接受对严格的财产法、强大的政府、某个公定教会以及资本主义经济的需要,是因为我们受到鼓励,认为这些建制造福的是所有人,而不仅仅是少数富人。我们"大多数人"的价值观、信念和态度真正说来并非属于我们自己。

共产主义的"幽灵"

但马克思也是一个乐观主义者。因为历史是无情的辩证法过程,这意味着资本主义制度目前的不平等和不公正终将受到挑战。

哲学家们只是以不同的方式解释世界;然而,问题的关键在于**改变世界**。

在著名的《共产党宣言》中,马克思解释了资本主义如何蕴含着毁灭自身的种子。随着所有经济权力集中在越来越少的人手中,大多数劳动人民的贫困状况肯定会无情地继续下去。这意味着,未来两个阶级之间将不可避免地发生辩证冲突——一个是人数不多但占统治地位的工厂主资产阶级,另一个是人数庞大但极度贫困的无产阶级劳苦大众。

光辉四射的未来

工人革命将不可避免,这不见得是因为无产阶级的热忱,而是因为资产阶级注定要抵制无法逃避的历史力量——只要少数坚定的共产主义革命者伸出援手。

阶级斗争终将结束,经过无产阶级的短暂专政,国家也将"消亡"。

马克思最终的理想是共产主义社会,在这个社会中,个体根据自己的能力做出贡献,并根据自己的需要获得回报。人类将不再受资本主义自我利益的支配,而是生活在一个理性的社会,在这个社会中,财产、国家强制以及人为制造的必需品稀缺将不复存在。

事实还是预言？

马克思主义既是对资本主义经济状况细致的科学分析，也是对法国政治活动家傅立叶和圣西蒙（他们自己就是"卢梭的孙子"）所想象的那种社会主义的理想主义诉求。但一个半世纪过去了，资本主义似乎仍在蓬勃发展。

如今，大多数马克思主义者认为，经济与人类社会、文化以及政治生活之间的关系要更为复杂。许多政治理念似乎有其生命，与经济原因无关。

阶级与国家

但是,实定法、习俗、伦理规则甚至国家似乎都比成体系的经济活动(例如资本主义)更为根本,因此也是在先的。

无国家社会

然而,在马克思看来,当任何社会变得"无阶级"时,国家本身也会"消亡"。与卢梭一样,马克思认为所有社会弊病都可以通过调整社会条件得到合理解决。但即使是一个由去中心化的公社组成的无阶级社会,也可能需要一些中央机构来强制执行规则和契约,以解决不同群体利益之间的冲突。

> 任何复杂的工业社会都需要一个具有一定权威的管理阶级,无论它在多大程度上受控于工人。

> 但不再需要某个阶级通过其有组织的权力压制其他所有人。

马克思的公社成员将不拥有财产,免于物质匮乏,不再对社会的经济基础一无所知。我们现在所理解的"政治"将走到头,因为它不再具有任何明显的功能。

被推迟的革命

马克思主义对政治哲学产生了巨大的影响,这种影响的产生甚至有可能是因为其中的乌托邦元素。资本主义及其后裔——现代国家——似乎被推迟了清算之日的到来;通过越来越大剂量的社会福利、取得合法地位的行业工会主义、对税收的重新分配和其他类型的社会干预,资本主义社会似乎敉平了资本主义制度的残酷。尽管如此,各路政治哲学家总是会发现,在分析资本主义的基本性质及其与现代国家的复杂关系时,马克思主义所提供的概念工具有着不可估量的价值。

马克思主义的发展

马克思主义哲学由"法兰克福学派"的哲学家**西奥多·阿多诺**(1903—1969)、**赫伯特·马尔库塞**(1898—1979)等人于 20 世纪二三十年代在德国发展起来,在随后的十年中,他们陆续逃往了美国。他们再次强调了意识形态的力量:它可以蒙骗和控制所有那些在资本主义的等级社会中获益最少的人。

阿多诺悲观地认为,意识形态的灌输根深蒂固,以至于几乎不可能改变现代资本主义社会。

马尔库塞在他的马克思主义论述中引入了弗洛伊德的术语。"神志正常的"(sane)、"神经质的"(neurotic)等词语变得政治化和社会分析化。

社会的存在依赖于对"快乐原则"的压抑，只有人类基本欲望的升华才能使社会得以存在。(西格蒙德·弗洛伊德)

因此，个体与社会之间必须始终保持一种紧张关系。

马尔库塞的结论是，先进的工业生产方式不可避免地会造成僵化守成的封闭社会，各种政治类型的都有。这些社会之所以能够存在，是因为一种更加过度的"剩余压抑"。

葛兰西的霸权理论

意大利哲学家**安东尼奥·葛兰西**（1891—1937）认为，正统马克思主义低估了"资产阶级神话"在社会化进程中的意识形态力量。

大多数人会接受社会上"适得其位"的观念……

这种不假思索的默从比具体的生产手段更有效地维护了统治阶级的霸权地位。

占统治地位的资本主义"霸权"之所以不受挑战地持续存在——并避开了革命——是因为人们不加批判地接受资产阶级的价值观，而不是因为它公开地使用武力。马克思之后的马克思主义者更加黑格尔式地坚持认为，塑造人类现实并对政治正统予以强化的是观念，而不只是赤裸裸的经济状况。

我们的政治意识形态

西方占主导地位的政治意识形态以"古典自由主义"闻名。历史学家**弗朗西斯·福山**（生于1952年）在其著作《历史的终结与最后之人》（*The End of History and the Last Man*，1989）中提出了一个著名的观点：随着西方自由民主制度的所有社会主义替代方案的崩溃，古典自由主义取得了胜利。

我们往往很难"看清"自己的意识形态，因为它深深地植根于我们的文化和世界观。资本主义经济现在对我们来说似乎完全是"自然的"，因为我们从未了解过其他东西。

自由主义的起源

古典自由主义起源于 17 世纪霍布斯和洛克的哲学思想。与所有政治意识形态一样,它建立在一种人性模式之上。它宣称,人类并非天生就富有合作精神或利他精神,他们是理性存在者,注定要最大化地实现其自身的经济利益。

"社会"被设想为个体的总和。国家的作用主要是监管而非建设。因此,古典自由主义是一种奇特的意识形态,因为它既是一种国家理论,又是一种反国家的理论。

市场

古典自由主义欣然接受社会是一个**市场**的观点。经济学家**亚当·斯密**（1723—1790）是第一个认识到这一点的人：在自我利益的促动下，一众私人个体制造、购买和出售商品，这些商品奇迹般地产生了使整个社会更加繁荣的净效应。

因此，国家干预这一神奇的过程是不明智的，而试图让个体变得更有慈善心或更富合作精神也是毫无意义的，甚至会适得其反。

自由企业与平等

自由主义的另一个意识形态神话是,每个个体在经济上都是"平等的"。资本主义社会中的人类生活可能充满竞争,包含无情的、不断演变的经济斗争,但结果却是公平的,因为每个人都享有"机会平等"。

在一个自由主义的优绩制社会,最有能力的人得到奖励,成功者通过创造财富"涓滴"给不怎么幸运的人,从而使每个人都受益。因此,"公正"在于确保个体能够不受阻碍地实现其欲望——而不是试图公平地分配商品。

契约、宪治与宽容

自由主义还坚持认为,国家只能在信任的基础上掌握权力,必须依靠人民的同意,必须受制于"契约"。随着选举权的日益广泛和几乎普及,"同意"如今更多地与多数票这样的想法联系在一起,这相当于授权政府可以按照其认为合适的方式行事。

自由主义还将相互宽容作为一种美德。没人能够垄断真理。必须允许个体依自己的愿望从事他们所热爱的事情,允许他们拥有自己的政治见解并宽容与其观点不同的其他人。

投票有什么用？

自由主义意识形态的一个后果是，不受阻碍的自由"公民"几乎没有真正的政治权力。个体有权在定期选举中投票选举政府，而政府却只在一个几乎最低限的意义上对选民负责。

分配问题

但是,仅仅规制和协调市场中的私人利益,在实践中似乎并不能造福所有人。任何竞争性的经济社会中都会有失败者。

这正是自由主义倡导者开始出现分歧的地方。

必须让市场自行创造财富并根据优绩分配财富……

国家越是干预这一良性的经济过程,它就会变得越来越强大,越来越多地采用家长式的做法,从而牺牲掉个体的自由。

不!国家要想拥有道德权威,就必须在一定程度上参与公共福利事业。

无节制的资本主义可能具有经济效益,但肯定会导致贫富两极化,从而破坏社会的稳定。

当代西方国家的政府大多通过干预资本主义经济、缓和其过度扩张来人道地甚或平等地对待其公民。正是这个"分配问题"主导了近年来的政治哲学。

边沁的功效主义

如果必须避免将人性或社会的模式强加给一众价值取向相异的个体,那么国家要如何选定其政策?英国功效主义哲学家**杰里米·边沁**(1748—1832)在其著作《道德与立法原理导论》(*An Introduction to the Principles of Morals and Legislation*)中给出了答案。边沁是一个名为"哲学激进派"团体的领袖,该团体致力于对法律和所有公共机构进行自由主义改革。

边沁宣称,关于人类,只有一个基本的、无可争辩的真理……

大自然将人类置于**痛苦**和**快乐**这两个主宰的统治之下。只有它们能指出我们应当做什么,也只有它们决定了我们应该做什么。

关于人类的这一原始事实构成了所有"功效主义"政治和道德哲学的基础。

边沁同意霍布斯的观点,即人类天生自私——为了生存,他们必须自私。与所有有感受能力的生物一样,人类也趋乐避苦。政府的政策和立法应反映这一生物和心理事实。

休谟还认为,虽然无法**证明**任何道德观念或政治观念,但这并不妨碍我们追随自己所偏好的那些观念。

一种道德的科学

边沁是一位主张宗教宽容的无神论者,一位尊重保皇党多数人意愿的共和主义者,也是一位坚定的民主主义者。他的哲学思想最初受到英国混乱的法律制度的启发;作为一名律师,他认为英国的法律制度建立在传统、先例和成见的大杂烩之上。

根本是无稽之谈!

边沁对所有不像他自己的体系那样"科学"的道德体系都不屑一顾,尤其是那些基于对"自然法"和"自然权利"的不容置疑的信念的体系。

自由企业市场

奉行功效主义原则的政府通过刺激"最大幸福"的产生并将其分配给"尽可能多的人"来决定其社会政策。与斯密一样,边沁深信资本主义是创造财富和幸福的唯一实践途径。

计算后果

功效主义比它初看起来更奇怪。它是一种唯物主义的哲学,并不诉求于"理性"或其他超验基础。边沁相信,人类的幸福可以通过他所谓的"幸福计算法"科学地、准确地加以衡量。这种计算法可以量化幸福的强度、持续时间、可靠性以及分布范围。

对重刑犯的法律惩罚是合理的,并不是因为国家需要报复,而是因为这种惩罚对其他潜在的罪犯起到了威慑作用。

对政府的政策有用

功效主义可以成为个体的道德指南。但它是一种政治哲学,主要对试图制定国内政策的自由主义政府有帮助。

功效主义的盲点

功效主义的批评者认为，功效主义的唯物进路低估了人性的复杂性。人类不只追求逸乐，他们也是智性和灵性的存在者。人的幸福是主观的、相对的，因此无法量化。功效主义认为动机无关紧要，这也是错的。从长远来看，未来的后果并不总是可预测的。如果打破传统的道德规则能带来更大的幸福，那么功效主义也可以准许这种做法。

它帮助政府亦即"福利分配机构"形成今天这样一种极其强大的建制。

密尔的功效主义答辩

约翰·斯图亚特·密尔（1806—1873）的专制父亲对他进行了严格的填鸭式教育。20岁时，他精神崩溃，后又康复，部分原因是他与一位已婚女性哈丽特·泰勒夫人有染。他最有名的作品当数《论自由》（1859）、《女性的从属地位》（1869）和《功效主义》（*Utilitarianism*，1863）。密尔从几个方面重新定义了边沁的哲学。

因此，密尔有时被认作"规则功效主义者"——你遵行那些经验表明往往会产生大量幸福的规则，而不是根据功效的大小来判断每个个体的行为。

限定多数人

密尔的主要关切是,功效主义似乎准许多数人的暴政,因此,除了数量,他还试图在"幸福计算法"中引入**品质**。边沁曾提出过一个著名的观点,即"推针等于诗歌"——如果大多数人想要的是一场不足道的酒馆游戏,他们就应该得到它,而不管人们觉得它有什么优点。

这种观点让功效主义变得不那么民主,并染上了轻微的精英主义色彩。

受过教育的代表

在为代议制民主辩护时,密尔的慈父主义倾向也显现了出来。把选票投给受过高等教育的中产专业人士是明智之举,因为他们会对舆论起到制约作用,而舆论往往不明真相,容易被操纵。

这么说来议员如何"代表"他们的选民并不清楚。

最好的政府必须是由最富智慧的人组成的政府,而这些人肯定总是少数。

在《论自由》一书中,密尔主张,只要没人受到伤害,大多数人就应该宽容个体的怪癖和个人偏好。对于个人生活方式或性偏好,法律不应多说什么。

捍卫民主

密尔是民主的"国家之船"的伟大捍卫者之一。能够决定和改变政府政策的公民更有可能同意接受管治。在柏拉图那里,专家的良性独裁把人们当作无责任感的孩子,而不是公民。

政治真理如果真的存在,就应该总是受到公开的质疑,这样才能让最真的真理留存下来。

密尔行使了自己的言论自由,尤其是在论证女性在经济和政治上拥有完全平等的地位时——说来也讽刺,早在2000多年前柏拉图就曾倡导过这一观点。

现代功效主义

如今并没有多少现代功效主义者认为可以把道德或政治做成"科学"。道德"事实"并不存在,说它们应该存在甚至可能是不可取的。而且也没有令人信服的方法"证明"功效主义。

现代功效主义者更愿谈论最大化人们的"利益"或"偏好",以避免"快乐"和"幸福"等词语带来的所有实践问题和理论问题。

权利与少数群体的利益

一些政治哲学家仍旧相信个体人权的重要性。少数群体可以将这些权利作为一张"王牌",用来挑战专制的多数的"利益"所准许的任何迫害。

如果功效主义政府的职责是让大多数人的"利益"最大化,我们就不清楚,必须加以考虑的是人们所表达的利益还是他们的"真实"利益。

如果人们所表达的利益是有害的,比如说,他们想要香烟和垃圾食品……

……那功效主义政府的职责就不在于强迫他们转而接受无糖口香糖和新鲜水果的好处。

自由主义意识形态一如既往地最后说了算。

分配与平等

功效主义的幸福最大化学说不可避免地引出了经济平等这一棘手问题。人人并非生来平等——有些人在某些方面比其他人更聪明或更有天赋——政府对此无能为力。

但通过赋予每个人投票权、陪审团审判权等，政府可以使人们在政治上平等。

政府能否或是否应该让每个人在经济上平等？是否应该强迫经济条件好的个体补贴较贫穷的社会成员？

这不就赋予了国家以不可接受的方式干涉个人自由的权力吗？

诺齐克的政治哲学

自**罗伯特·诺齐克**（1938—2002）于 1974 年出版《无政府、国家与乌托邦》(*Anarchy, State and Utopia*)以来，分配问题一直主导着美国的政治哲学。他认为，国家的职责不是将其"模式"或"终极状态"强加给它的公民。实现经济平等意味着国家对个体自由不可接受的干涉。这在很大程度上取决于如何定义"公正"和"财产"等概念。

在诺齐克看来，财富属于个体；它不是"集体的"。如果国家为了对收入进行再分配而征税，它实际上就是在"强迫劳动"，因为个人被迫花一些时间工作来向政府缴税。

机会平等

自由主义者在经济平等问题上达成妥协的惯用手法是谈论"机会平等",而不是坚持对实际的财富和收入进行任何再分配。

个体自由不应受到干涉,应该让市场力量独自创造财富,并根据优绩和运气分配财富!

自由主义的共识是,全民教育、医疗保健甚至社会住房都应全部或部分由国家资助。

但自由至上主义者诺齐克甚至反对这类社会承诺……

它们只能通过征税获得资金,而这会导致对个体自由更多的干涉。

财富再分配

社会福利

最低限国家

在诺齐克看来,对财产的基本权利是绝对的,凌驾于任何公共福祉之上。这意味着国家的作用应该是"最低限度的"——几乎只限于外交政策。甚至警察保护也应该私有化。

不过，若不受政府干预的完全自由所产生的社会中存在大量无知、失业和无家可归的公民，那么大多数人就会认为绝对的个人自由的道德和政治代价过高。为每个人提供最低标准的生活会更加人道，甚至可能会使马克思关于革命不可避免的预言失效。经济公正可以对富人和穷人都有好处。

罗尔斯的思想实验

约翰·罗尔斯（1921—2002）的《正义论》（*A Theory of Justice*，1971）极大地改变了当代政治哲学的议程，而诺齐克的著作某种程度上是一位右翼自由至上主义者对该书的回应。罗尔斯将"契约论"作为一件有用的概念工具重新引入政治哲学，他这样做不是为了证明政治权威的正当性，而是为了论证一种有限形式的经济公正。

德国哲学家**伊曼努尔·康德**（1724—1804）认为，普遍认同的契约可以成为一种"道德的指南针"……

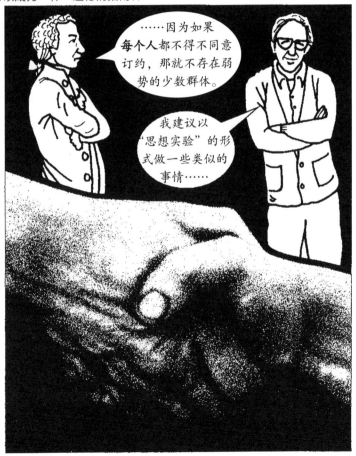

……因为如果**每个人**都不得不同意订约，那就不存在弱势的少数群体。

我建议以"思想实验"的形式做一些类似的事情……

你必须想象自己处于一种假设的"原初状况"(类似于"自然状态")。

你还会被蒙上"无知面纱",对自己的社会地位、性别、宗教观点、道德信念、政治或哲学的意识形态一无所知。

表面上看,这将使你和其他所有人都变成理性和道德的个体,对风险、社会公正和仁慈持相当普通的态度。

罗尔斯社会

罗尔斯认为,几乎每个人都想生活在一个个人自由得到尊重的社会,一个正义具有普遍性和公共性的社会。

罗尔斯的结论是，所有理性个体都偏好有着某种形式的财富再分配的社会。现实中的政府在制定国内政策时应该考虑到这一事实。但若每个理性个体都基于自己可以是"任何人"来做决定，我们就很难看出这怎么一来就是与其他人签订的"契约"。

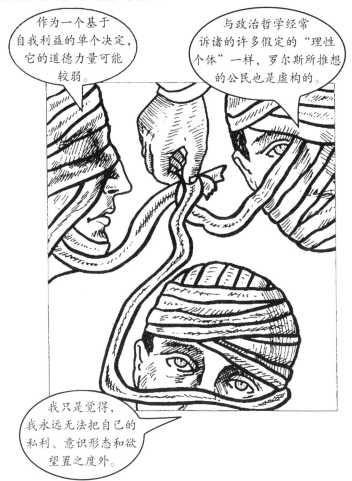

诺齐克的右翼自由至上主义者可能仍然会投票支持一个奖励个人努力和个体自足的社会。他们愿意接受贫困的风险，以换取高回报和不受国家干预。这样的选择会让他们变得"非理性"吗？

极权主义国家

极权主义国家从何而来，今后该如何避免？哲学家们提出了社会和心理两方面的解释。

要怪哲学家吗?

科学哲学家卡尔·波普尔(1902—1994)认为,政治哲学家——柏拉图、卢梭、黑格尔——自己播下了专制社会的种子。极权主义社会往往是目的论的、乌托邦的。乌托邦主义者往往教条地看待目的,随意地对待手段,对整齐划一有一种不健康的尊重,而且还不喜欢人类生活的多样性。

我们已经看到,那些反对由单一团体实现完美统治(比如柏拉图的"护卫者"或卢梭的"全体意愿")的人是如何不被宽容的。他们的政治哲学中无疑散发着绝对主义和精英主义的气息。尽管如此,他们还是有理由抗议对其作品的回溯性解释。

多元主义社会是最好的吗？

极权主义国家依赖对人性的悲观看法。人类是非理性的、不负责任的，需要坚定的领导者来了解公民的真实需求，无视他们所表达的偏好。自由主义者则认为，并不存在理想的政治社会，因此也不存在**绝对的**政治意识形态。

最健康的社会是多元的、能宽容各种不同政治见解的社会。

大多数现代西方人都会同意这一点。

但像马尔库塞这样的激进哲学家仍会辩称，我们的资本主义社会显示出极权主义的特征。

我们的社会可能对自由主义共识以外的观点极不宽容。

全球性企业看起来就像任何极权政府一样具有压迫性。

自由的限度

什么是我们如此珍视的"政治自由"？大多数政治哲学家假定我们拥有自由意志，同时也承认，受条件所限，我们只能接受有限的政治选择。大多数公民都承认，绝对的个人自由只是一种错觉——我们不得不接受某种"集体自由"，这样我们才能作为群体的成员和负责任的公民发挥作用。自由主义思想家**以赛亚·伯林**（1909—1997）提出了一个著名的观点：政治自由既可以是"肯定性的"，也可以是"否定性的"。

否定性自由意味着我们拥有这样一些"权利"，它们对国家在多大程度上可以干预我们的生活施加了限制。

肯定性自由意味着我们有资格获得某些发展我们作为人类之潜能的机会和选择。

右翼民主政府往往偏护否定性自由，因为一个干预个人自由的国家会削弱个体的自立性和主动性。左翼政府则反对这一点，它们认为，因为贫穷和缺乏教育，一个被剥夺成功机会的人不会真正"自由"。

伯林认为，提供肯定性自由几乎不可避免地会损害到某些"否定性"自由。

后现代马克思主义者马尔库塞进一步认为，我们是资本主义统治下快乐的奴隶，被剥夺了任何真正的抗议自由，因为我们"单向度的"民主本就旨在阻斥一切新形式的激进思想。

我们为什么要服从？

像边沁和密尔这样的功效主义者认为，我们服从国家的理由很简单，因为这对我们有利。国家不仅为我们提供安全，还无偏私地施用法律——这反过来给予了我们自由。国家的存在也间接地鼓励了财富的创造，而这些财富随后可以用于公共福利。卢梭和黑格尔认为，将公民和国家视为彼此分离的存在物是错误的。

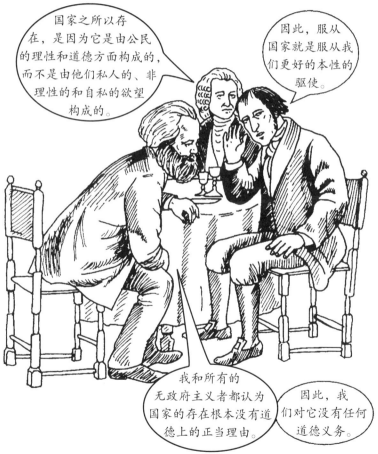

国家之所以存在，是因为它是由公民的理性和道德方面构成的，而不是由他们私人的、非理性的和自私的欲望构成的。

因此，服从国家就是服从我们更好的本性的驱使。

我和所有的无政府主义者都认为国家的存在根本没有道德上的正当理由。

因此，我们对它没有任何道德义务。

尽管政治哲学家可以说其所说，但他们永远无法最终"证明"他们是对的。

共同体至上的亚里士多德主义者

自由主义者一致认为，国家的职责并不是将其"目的论"的观点强加给千千万万个追求个人实现的陌生个体。最近，"亚里士多德主义者"**阿拉斯代尔·麦金泰尔**（生于1929年）等"美德"哲学家对自由主义意识形态的这一核心智慧提出了质疑。

但现代多元社会不再尊奉普适的传统、习俗或宗教信念，这就让我们很难确定"共同体生活"到底都包含哪些内容。

自由主义者会说，促进"共同体生活"不是家长式国家的职责，因为这会相当大地扩展其权力——而范围宽广的国家权力总是会被滥用。

后现代主义政治

让-弗朗索瓦·利奥塔（1924—1998）的《后现代状况》(*The Postmodern Condition*,1979）仍是后现代主义政治的重要文本。该书宣告了"宏大叙事"的崩溃，如启蒙运动和马克思主义的"宏大叙事"，前者天真地相信绝对政治进步的可能性，而后者则未能将其理论模式和决定论模式强加于不可预测的人类。后现代主义者乐于揭露西方政治哲学对"总体化"理论的依赖，而这些理论将"秩序"强加于人，并为国家对"合法"暴力的垄断背书。后现代主义者解构了政治哲学中的"绝对真理"，并揭示出它们如何总是相对的。

在其文章的末尾，利奥塔建议我们应该接纳一系列更加多样化的"小型政治叙事"，但对于需要什么样的建制来裁决不同的"叙事"却含糊其辞。

知识与权力

米歇尔·福柯（1926—1984）是另一位后现代主义哲学家，他对"历史是一种对持续不断的理性和进步的叙事"这样的观点提出了质疑。他强调知识与权力总是相互关联的。每个社会都有其真理的"一般政治"，亦即它接纳并强推为可接受的知识的话语类型。

国家是一个神话般的抽象概念，其重要性比我们许多人所认为的要有限得多。这是因为，权力——以及所有为获得权力或摆脱权力而进行的斗争——是所有社会关系不可避免的一个特征。

国家只是对这一事实的抽象反映。

环境政治

政治哲学不仅仅关乎国家的生存权。现如今,我们大多数人都非常关心环境政治。人们希望节约地球的资源,保护他们当地的环境,使用适当的技术,珍视仅存的荒野。古典自由主义的政治和经济意识形态捍卫自我利益,这无疑是造成世界范围内资源枯竭和西方许多公民生活质量下降的罪魁祸首。

现代民主政府必须不断地做出"成本－效益"决策,以确定何种程度的污染是"可接受的"。它们可以采用不同形式的惩罚性税收来确保某些经济活动不再有利可图。

女性主义政治

女性运动本身是平等这一启蒙运动的政治理想的直系分支。**玛丽·沃斯通克拉夫特**（1759—1797）是众多女性主义者中第一个讨论平等的人。

不过，如今的许多女性主义者认为，"平等"总是由"普适"规范定义的，而这些规范本质上仍是男性的。

雅典的男性公民之所以能够参与民主生活，是因为妇女和奴隶大军被剥夺了公民权。即使罗尔斯这样的现代政治哲学家也仍然坚持一种奇怪的想法，即理想的理性观察者可以在某种程度上把自己的性别当作"衣服"给丢掉。

消费者与公民

后现代资本主义社会仍然受自由主义的意识形态支配,这种意识形态相信,自由市场的全球资本主义和最低限度的国家干预是自由的最佳保障。我们大多数西方人已然将资本主义内化,以至于我们更多地将自己视为消费者而非公民。

健康的民主社会由这样一种道德共识凝聚在一起,它所基于的是信任和互帮互助这些前资本主义的价值观,而资本主义却是由自利和竞争所促动的。很难看出这个怪圈如何能令人信服地化作方形。("化圆为方"喻指做不可能之事——译者按)

选择民主

说到底,所有理论都是在试图描述和说明现实,但政治理论与科学理论不同,它们不可能得到最终验证。这是因为,归根结底,它们是关于我们是谁或我们应该如何生活在一起的理论。这就是为什么会有这么多不同类型的政治哲学。一些哲学家相信,基于人类的基本需要、目标、目的和关系的知识,有可能为政治问题找到客观理性的答案。另一些哲学家则坚持认为,面对完全无法预测的个人偏好和欲望,这种知识是不可能获得的。到头来,许多政治哲学可能会被证明总归是主观主义的——仅仅是经过精心论证的对个人偏好的表达。但这并不意味着,某些理论就不能比其他理论更有效,就不能帮助我们改变对自己和对政治社会的看法。但我们或许得承认,由于其监控技术和军事技术,现代国家现在几乎是不可挑战的,其"民主"也只是非常有限意义上的民主。"政治"必须发生深刻的变革,公民才能重新获得真实的权力。心智成熟的成年人最终可能会决定无视现代民族国家这个不近人情的庞然大物,转而在小型集会上面对面地讨论那些决定其日常生活的政策和实践。

延伸阅读

本书提到的所有著作都有平装本。虽然从来没有人说黑格尔"通俗易懂",但其中大部分的可读性还是很强的。

西奥多·阿多诺(Theodor Adorno)等人:《威权主义人格》(*The Authoritarian Personality*, Harper and Bros., 1950)

圣阿奎那(St. Aquinas):《政治著作选》(*Selected Political Writings*, Blackwell, 1959)

亚里士多德(Aristotle):《尼各马可伦理学》(*Nichomachean Ethics*, Oxford University Press, 1975);《政治学》(*The Politics*, Clarendon Press, 1958)

圣奥古斯丁(St. Augustine):《上帝之城》(*City of God*, Penguin, 1972)

边沁和密尔(S. Bentham & J.S. Mill):《功效主义及其他论文》(*Utilitarianism and Other Essays*, Penguin, 1987)

埃德蒙·伯克(Edmund Burke):《反思法国大革命》(*Reflections on the Revolution in France*, Penguin, 1970)

弗朗西斯·福山(Francis Fukuyama):《历史的终结与最后之人》(*The End of History and the Last Man*, Penguin, 1993)

安东尼奥·葛兰西(Antonio Gramsci):《葛兰西关于国家与霸权的著作 1916—1935》(*Gramsci's Writings on the State and Hegemony 1916-1935*, University of Birmingham Press, 1997)

黑格尔(G.W.F. Hegel):《权利哲学》(*The Philosophy of Right*, Great Books in Philosophy, 1996)

托马斯·霍布斯(Thomas Hobbes):《利维坦》(*Leviathan*, Penguin, 1981)

约翰·洛克(John Locke):《政府论两篇》(*Two Treatises of Government*, Cambridge University Press, 1967)

让-弗朗索瓦·利奥塔(Jean-François Lyotard):《后现代状况》(*The

Postmodern Condition, Manchester University Press, 1979）

尼科洛·马基雅维利（Niccolo Machiavelli）：《君主论》（*The Prince*, Cambridge University Press, 1988）

赫伯特·马尔库塞（Herbert Marcuse）：《单向度的人》（*One-Dimensional Man*, Routledge, 1991）

卡尔·马克思（Karl Marx）：《资本论》（节选）（*Capital*, Oxford World Classics, 1988）；马克思和弗里德里希·恩格斯（Friedrich Engels）：《德意志意识形态》（*The German Ideology*, Great Books in Philosophy, 1998）；《共产党宣言》（*The Communist Manifesto*, Penguin, 1967）

约翰·斯图亚特·密尔（John Stuart Mill）：《论自由》（*On Liberty*, Penguin, 1985）

罗伯特·诺齐克（Robert Nozick）：《无政府、国家与乌托邦》（*Anarchy, State and Utopia*, Blackwell, 1974）

托马斯·潘恩（Thomas Paine）：《人的权利》（*Rights of Man*, Penguin, 1976）

柏拉图（Plato）：《理想国》（*The Republic*, trans. M.D.P. Lee, Penguin, 1972）

约翰·罗尔斯（John Rawls）：《正义论》（*A Theory of Justice*, Oxford University Press, 1971）让·雅克·卢梭（Jean-Jacques Rousseau）：《社会契约论》（*The Social Contract*, Penguin, 1970）

玛丽·沃斯通克拉夫特（Mary Wollstonecraft）：《为女性权利一辩》（*A vindication of the Rights of Women*, Penguin, 1992）

"图画通识"系列还有柏拉图、亚里士多德、卢梭、黑格尔和福柯的指南，以及其他有用的哲学书籍。

布莱恩·雷德海德（Brian Redhead）的《从柏拉图到北约》（*From Plato to NATO*, BBC Books, 1988）和乔纳森·沃尔夫（Jonathan Wolff）的《政治哲学导论》（*An Introduction to Political Philosophy*, Oxford University Press, 2001）是两本简短易读的政治哲学普及读物。

约翰·普拉门纳兹（John Plamenatz）所著的《人与社会》（*Man and Society*, Longman, 1963）是一本学术性较强的导读，介绍了从马基雅维利到马克思的所有现代政治哲学家。普拉门纳兹相当清晰地描述和分析了他们的作品。芭芭拉·古德温（Barbara Goodwin）的《使用政治观念》（*Using Political Ideas,* John Wiley and Sons, 1982）是一本非常有用的指南，介绍了所有主要的政治意识形态。

约翰·莫罗（John Morrow）所著的《政治思想史》（*A History of Political Thought*, New York University Press, 1988）以有趣的方式探讨了这一主题。安德鲁·文森特（Andrew Vincent）的《国家理论》（*Theories of the State*, Blackwell, 1987）和雷蒙德·普兰特（Raymond Plant）的《现代政治思想》（*Modern Political Thought*, Blackwell, 1991）也对希望有更多了解的读者很有帮助。

《布莱克威尔政治思想百科全书》（*Blackwell Encyclopedia of Political Thought*, 1991）提供了对"义务"和"同意"等主题的总体观点以及所有主要作者的简介。其他有用的参考书还有《企鹅政治词典》（*The Penguin Dictionary of Politics*, 1993）和《政治思想词典》（*A Dictionary of Political Thought*, Macmillan, 1983）。

《当代政治哲学指南》（*A Companion to Contemporary Political Philosophy*, Blackwell, 1995）收录了许多当代政治哲学家的论文，涵盖的主题很广。《后现代政治学》（*The Politics of Postmodernity*, Cambridge University Press, 1998）是另一本值得一读的最新论文集。

卡尔·波普尔（Karl Popper）在《开放社会及其敌人》（*The Open Society and Its Enemies*, Routledge, 1969）中对柏拉图、卢梭、黑格尔和马克思等体系营造者提出了反对论证。玛丽·路易斯·贝尔内里（Marie Louise Berneri）的《乌托邦之旅》（*Journey Through Utopia*, Freedom Press, 1982）揭示了乌托邦主义者专制的一面。彼得·马歇尔（Peter Marshall）的《强求不可能实现的目标：无政府主义史》（*Demanding the Impossible: A History of Anarchism*, Harper Collins, 1993）对支持国家的论证提出了有益的批评。

致谢

作者感谢他不知疲倦的编辑理查德·阿皮尼亚内西（Richard Appignanesi），后者总是知道如何将杂乱无章的手稿转化为可读的书籍。他感谢他的艺术家同事提供的插图和对重点的细微修改。他还要感谢他的所有朋友，感谢他们对他半生不熟的政治见解无尽的耐烦，当然，这些观点总是正确的。

绘者感谢奥斯卡·查拉特（Oscar Zarate）为本书的第18、25、28、85、90、138和148页绘制了插图；感谢大卫·金（David King）出借他收藏的照片。

索引

Adorno 阿多诺，Theodor 西奥多 124
Alexander the Great 亚历山大大帝 35
anarchists 无政府主义者 36，38，93-95
Antisthenes 安提斯泰尼 36
Aquinas, St T. 圣托马斯·阿奎那 40-41，51
Aristotle 亚里士多德 19-24，30，102
Assembly, legislative 立法会议 79
Athens 雅典 8-10, 168
Augustine, St 圣奥古斯丁 39

Bakunin, Mikhail 米哈伊尔·巴枯宁 89，93
Bentham, Jeremy 杰里米·边沁 134-138
Berlin, Isaiah 以赛亚·伯林 159-160
Burke, Edmund 埃德蒙·伯克 108-109

capitalism 资本主义 114-117, 123, 133, 137，169
Christian dualism 基督教的二元论 38
citizenship 公民权 9，168
City States 城市国家 42
class 阶级 88，121
Communism 共产主义 118-119
conscience 良知 141
consciousness 意识 102-103, 106
  false 虚假意识 117，160
consent 同意 71-72
consequence 后果 138
conservatism 保守主义 108-109
constitution 宪治 100，131
consumers 消费者 169
contractualism 契约论 152

democracy 民主 9，18，92，144，170
determinism, economic 经济决定论 113
dialectic, the 辩证法 103-104
Diogenes 第欧根尼 36

distribution 分配 133, 147-149，154-155

egoists, psychological 心理自我中心者 48
environmental politics 环境政治 165-166
equality 平等 23，147；of opportunity 机会平等 130，149
essentialism 本质主义 26
evolution 演化 27-29

Fascism 法西斯主义 156
feminism 女性主义 167-168
"Forms" "形式" 14-15
Foucault, Michel 米歇尔·福柯 164
Fourier, Charles 夏尔·傅立叶 87，90，120
franchise 选举权 70，131
freedom 自由 27，78，159-160
rational 理性自由 104
French Revolution 法国大革命 86-87，104，109
Fukuyama, Francis 弗朗西斯·福山 127

game theory 博弈论 31，32
Geneva 日内瓦 74，80
Glaucon 格劳孔 12
Godwin, William 威廉·戈德温 93
government 政府 34，65-67，70
  by experts 专家治国 15
Gramsci, Antonio 安东尼奥·葛兰西 126
Greece, ancient 古希腊 6

Habermas, Jürgen 尤尔根·哈贝马斯 169
happiness 幸福 137，138，139，140，147
Hegel 黑格尔，G.W.F. 96-107，112，161
hegemony 霸权 126
Hobbes, Thomas 托马斯·霍布斯 46-56
human nature 人性 24，26，33，38，56，74

Hume, David 大卫·休谟 72, 135

ideologies 意识形态 25, 117, 126, 127
imperialism 帝政 35
individuals 个体 3, 9
inequality, right of 不平等的权利 61

justice, economic 经济公正 151-152

Kant, Immanuel 伊曼努尔·康德 152
knowledge 知识 16, 164
Kropotkin, Peter 彼得·克鲁泡特金 29, 89, 94

Labor, congealed 凝固的劳动 116, 148
law 法
   natural 自然法 40, 41, 54, 59, 136
   rule of 法的统治 69
liberalism 自由主义 128-133
libertarianism 自由至上主义 149, 152, 155
Locke, John 约翰·洛克 57-71, 98, 114
Lyotard, Jean-François 让-弗朗索瓦·利奥塔 163

Machiavelli, Niccolò 尼科洛·马基雅维利 43-45
MacIntyre, Alasdair 阿拉斯代尔·麦金泰尔 162
Marcuse, H. 马尔库塞 124-125, 158, 160
marketplace 市场 129, 137
Marx, Karl 卡尔·马克思 87, 112-123, 161
Mill, J.S. 密尔 141-144, 161
Minority interests 少数人的利益 140
monarchy, absolute 绝对君主制 54, 59, 65
morals, science of 道德的科学 136

natural law 自然法 40, 41, 54, 59, 136

Nozick, Robert 罗伯特·诺齐克 148-151, 155

Owen, Robert 罗伯特·欧文 91-92

Paine 潘恩, Thomas 托马斯 110-111
Plato 柏拉图 11, 13-19, 144
pluralism 多元主义 158
politics as ethics 政治之为伦理 83
Popper, Karl 卡尔·波普尔 157
postmodernism 后现代主义 163
power 权力 4, 45, 164
prejudice 成见 108
property 财产 58, 59, 60, 61, 70, 76, 148
Proudhon, Pierre 皮埃尔·普鲁东 87, 89, 93, 94

Rawls, John 约翰·罗尔斯 152-155, 168
reason 理性, pragmatic 实践理性 21
Reich, Wilhelm 威廉·赖希 156
Renaissance, the 文艺复兴 42
Ricardo, David 大卫·李嘉图 114, 116
rights 权利
   human 人权 111, 146
   natural 自然权利 41, 53, 109, 136
Rousseau, Jean-Jacques 让-雅克·卢梭 73-85, 114, 161

Saint-Simon C.-H. 圣西蒙 88, 90, 120
Sartre, Jean-Paul 让-保罗·萨特 27
science of man 人的科学 47
Ship of Fools 愚人之船 17
Ship of State 国家之船 144
Smith, Adam 亚当·斯密 114, 129
socialism 社会主义 89-91, 93
society 社会 4, 10, 13, 21, 49
stateless 无国家社会 93, 122
Socrates 苏格拉底 11, 13, 17

Sophists 智术师 11
sovereign power 至高统治权力 51-55
State 国家
  All-powerful 全能国家 101
  collectivist 集体主义国家 82-83
  definition 国家的定义 4
  minimal 最低限国家 150
  organic 有机国家 99
State morality 国家道德 44，85
State of Nature 自然状态 49，51，53，56，58，60，66，73，75

teleology 目的论 19，105，157，162

totalitarian states 极权主义 156

utilitarianism 功效主义 134-147

veil of Igorance 无知面纱 153，154
vendettas 仇杀 62

Will, General 全体意愿 80，81，83，157
Wollstonecraft，Mary 玛丽·沃斯通克拉夫特 167
women 女性 23，144，167

图画通识丛书

第一辑

伦理学
心理学
逻辑学
美学
资本主义
浪漫主义
启蒙运动
柏拉图
亚里士多德
莎士比亚

第二辑

语言学
经济学
经验主义
意识
时间
笛卡尔
康德
黑格尔
凯恩斯
乔姆斯基

第三辑

科学哲学
文学批评
博弈论
存在主义
卢梭
瓦格纳
尼采
罗素
海德格尔
列维－斯特劳斯

第四辑

人类学
欧陆哲学
现代主义
牛顿
维特根斯坦
本雅明
萨特
福柯
德里达
霍金